밥벌이 페이크북

밥벌이 페이크북

지은이 | 이진서
펴낸이 | 박상란
1판 1쇄 | 2017년 5월 20일

펴낸곳 | 피톤치드
교정교열 | 김동화 **디자인** | 황지은
경영·마케팅 | 박병기

출판등록 | 제 387-2013-000029호
등록번호 | 130-92-85998
주소 | 경기도 부천시 원미구 길주로 262, 이안더클래식 133호
전화 | 070-7362-3488
팩스 | 0303-3449-0319
이메일 | phytonbook@naver.com

ISBN | 979-11-86692-07-3 (03320)

「이 도서의 국립중앙도서관 출판예정도서목록(CIP)은 서지정보유통지원시스템 홈페이지(http://seoji.
nl.go.kr)와 국가자료공동목록시스템(http://www.nl.go.kr/kolisnet)에서 이용하실 수 있습니다.(CIP
제어번호: CIP 2017009840)」

취준생과 직장인을 위한 **JOB** 기술

이진서 지음

내가 다니는 직장, 아니 이제부터라도 직장 말고 직업으로 이야기해야 겠다. 내 직업이 또 언제, 어떻게 바뀔지 모르지만 이 책을 쓰고 있는 지금 내 직업은 건설 일용 근로자들에게 건설 현장 일자리를 알선하는 직업 상담사다. 돌고 돌아 이곳까지 떠밀려 '불시착'했다. 그간 내가 살아왔던 궤적과는 사뭇 다른 일을 하고 있어 나 스스로도 지금의 일이 참 어색하다. 인생이 뭐 내가 원하는 방향으로만 흘러갈 수 있으랴. 세찬 파도와 거센 강풍을 한 조각 일엽편주에 의지해야만 하는 처량한 꼴이 되었다. 의도한 상황은 아니었다. 중년에 들어선 이 나이에 마땅히 할 일도 없다.

나는 이 책을 '잘난 사람의 성공한 이야기를 들어주십사'라는 의도로 쓰지 않았다. 내가 잘난 사람도 아니고 성공한 사람도 아니란 것을 이 책을 고른 독자라면 대충 알고 있을 것 같다. 나와 비슷한 생각을 하고 있는 젊은 사람들이 내 이야기를 듣고 진로 설정에 대한 시행착오를 피할 수 있으면 좋겠다. "젊어서 고생은 사서도 한다"는데 뭐 그렇게까지 할 필요가 있을까. 그 고생을 '살 돈'조차 아쉬운 세상이 되어 버렸다.

4

내 이야기로 독자가 위로를 받고 영감을 얻어 앞으로의 인생을 조금 더 노련하게 살 수 있는 힌트를 얻는다면 더 없이 좋겠다.

내가 하는 일은 건설 근로자, 흔히 말하는 '노가다' 아저씨들을 만나는 것이다. 산전수전 다 겪어 온 그들에게 진지한 진로 상담은 그리 유용해 보이지 않는다. '앞으로 인생을 이렇게 설계해 보시면 어떨까요?'라는 진로 상담보다 당장 하루 벌어 하루 먹고 살 일자리 알선이 그들에게 훨씬 더 필요하다.

그동안 내가 만나 온 건설 일용 근로자의 유형은 두 가지였다. 첫 번째는 자기 일에 나름대로 자부심이 있는 외골수 일부 예술가 스타일이다. 나머지 대부분은 우리가 익히 알고 있는 하루 벌어 하루 먹고사는 전형적인 건설 현장 노가다 인부들이다. 건설 현장에서 수십 년간 일해 온 목수나 철근공 또는 중장비를 만지는 기능공들은 그나마 이 판에서는 전문 직업인이다. 그들은 엄청나게 자존심이 강하다. 나쁘게 말하면 남의 말을 전혀 들으려 하지 않는다. 자기만의 세계에 빠져 사는 사람들 같다. 그들은 진입 장벽이 낮은 건설 현장에서 나름대로 높은 장벽을 만들며 자신들만의 세계를 구축한 장인들이다. 그분들에게 감히 내가 무슨 진로 상담을 하겠는가. 문제는 우리가 익히 알고 있는 나머지 대부분의 일용 근로자들이다. 핑계 없는 무덤이 없듯 그들은 각자 나름대로 아픈 사연을 안고 새벽 시장에 나온다.

"팔자대로 산다"라는 말이 있다. '그들이 젊은 시절로 다시 돌아간다면 지금과 비교해서 좀 다른 삶을 살 수 있을까?' 잠시 생각해 봤다. 그것에 대한 나의 정답은 "글쎄요"다. 지금의 삶과 다른 삶을 원한다면 나의 행동을 바꿀 만한 인생의 결정적 계기가 있어야 한다. 나를 움직일 수 있게 만드는 동인(動因)이나 원동력을 우리는 '모멘텀(momentum)'이라고 말한다. 내가 만나는 두 번째 부류의 노가다 아저씨들은 살면서 그런 모멘텀을 겪어 보지 못한 사람이 대부분일 것이다.

'모멘텀'이란 학습이나 경험에 의해 체득할 수 있다. 혹은 스쳐 지나가는 운처럼 자기도 모르는 사이에 훅 지나가기도 한다. 벌어지고 있는 상황을 정제된 인식으로 변환할 수 있는 내면의 그릇을 만들지 못하면 역사의 반복처럼 그들에게 또다시 비루한 삶이 지속될 가능성이 크다. 앞서 언급한 장인 수준의 건설 기능공이 아니라면 처음부터 힘든 공사판을 몸뚱이 하나로 전전하고 싶은 사람이 어디 있겠는가.

천명관 작가의 단편 소설 〈칠면조와 달리는 육체노동자〉를 예로 들어 본다. 주인공 '경구'는 앞서 언급한 두 번째 유형의 전형적인 일용 근로자다. 어느 날 현장 소장이 어디서 얻었는지 그에게 큼지막한 칠면조 고기를 선물한다. 칠면조 고기는 서양에서 추수감사절에 온 가족이 모여 같이 먹는 고기로 가족의 화합을 상징한다. 그런 의미를 가진 칠면조 고기가 일용근로자인 경구에게 어울릴 리 없다. 그는 자기 손에 들어온 칠면조 고기를 어깨에 지고 퇴근하는 길이 무지 어색하다. 결국 그는 칠면조 고기를 가족과 함께 먹지 못한다. 그 칠면조 고깃덩어리가 빌미가 되어 사고를 치고 그날로 경구는 난데없이 도망자 신세가 되어 버린다. 나는 이 소설을 해체된 가족의 비애를 상징하는 내용으로 이해했다. 주인공에게 그날 하루 칠면조라는 모멘텀은 있었지만 그것을 계기로 결국 가족의 화합을 이루지 못했다.

　우리의 삶이 이와 다르지 않다. 다 늙어서 인생이 역전될 수도 있지만 결국 인생의 전반적인 승부는 젊은 시절에 모멘텀을 가질 수 있느냐 없느냐에서 판가름 난다. 내가 이 책을 쓴 이유가 바로 여기에 있다. 좀 더 범위를 좁혀 말하면 지금 중학생인 내 아들에게 삶의 모멘텀을 주기 위한 책이다. 아버지랍시고 아들을 불러 옛날이야기나 하면서 훈계하기보다 고상하게 내가 쓴 이 책을 내밀며 아들과 진로 이야기를 하면 훨씬 더 좋을 것 같다. 내 아들을 포함하여 그 위 연배에 있을 많은 청년이 내 이야기를 듣고 삶의 모멘텀을 찾을 수 있다면 더 바랄 게 있을까. 내 이야기가 진로 때문에 힘들어 하고 있는 젊은이들에게 한 모금의 냉수가 되면 좋겠다. 그것으로 사무실 한 구석에 숨어 몰래 지속했던 나의 집필 작업이 충분히 가치 있는 일이었다고 훗날 회고할 수 있기를 바란다.

CONTENTS

Part 2

힘든 취직,
그보다 더 힘든 직장생활

Part 3

어차피
해야 할 직장생활이라면

1

Part 4

진로 설정,
고수의 테크닉

Part 5

괜찮아, 이제 시작일 뿐

Part 1

먹고살기 힘드네,
진짜

01

레알
실업률이 궁금하다

우리 주위에서 흔하게 볼 수 있는, 취직이 안 되어 그냥 노는 사람들은 실업자로 분류하지 않는다.

불안을 조장하여 사교육을 부추기는 학원장이 나쁠까, 그 농단에 놀아나는 대한민국 대다수의 아줌마가 더 나쁠까. '닭이 먼저냐 달걀이 먼저냐'를 논하지 말자. 나는 단연코 둘 다 나쁘다고 생각한다.

이 책 서두에 대한민국 아줌마와 학원계를 싸잡아 비판하는 내용을 썼더니 출판사에서 대뜸 그 부분을 삭제하라는 요구가 왔다. 자칫 전체 주제에서 초점을 비켜 나갈 수 있음을 우려한다고 말했다. 서두에서 학원계와 대한민국 아줌마들을 비판하려는 내 의도는 뚜렷했다. 대한민국 청년층 진로 문제의 원인을 난 우리나라 교육에서 찾고자 했다. 청년층 진로 문제를 이야기함에 있어서 당연히 한국의 교육 문제를 거론해야 했지만 그 부분에서 출판사는 나와 생각이 좀 다른 듯했다. 출판 시장에서 인지도가 전혀 없는 나 같은 필자는 영락없이 을(乙)이다. 일단 을답게 갑에게 손바닥을 비벼야 하지 않을까. 책 출간이 먼저라면 우선 나 먼저 살고 볼 일이다.

　이런 이유로 나는 학원계와 대한민국 아줌마를 도마 위에서 슬
며시 내려놓았다. 대신 책 첫머리에 좀 진부하지만 실업률 이야기
를 풀어놓았다. 뉴스를 통해 우리나라의 실업률을 접할 때마다 기
자들은 한 자리 실업률을 언급하며 심각하다고 말한다. '사회주의
국가도 아닌 자본주의 사회에서 도대체 10% 미만 실업률이 뭐가
그리 문제가 된다는 말인가?' 하고 생각할 수도 있다. 실업률이
10% 이하면 그래도 열 명 중 아홉 명 정도는 실업자가 아니란 말
아닌가? 그러나 알고 보면 절대 그렇지 않다.

　좀 딱딱하지만 이 부분에서 고용노동부나 통계청에서 사용하는
관련 용어들의 대체적인 뜻을 알고 가면 좋겠다. 편의점 아르바이
트를 하더라도 경제 활동이 가능한 15세 이상의 인구를 노동가능
인구 또는 생산가능인구라고 부른다. 생산가능인구는 또다시 그
안에서 경제 활동 인구와 비경제 활동 인구로 뚝 잘라 구분한다.
주부나 학생처럼 경제 활동을 할 수 있는 여건이 안 되는 사람을
비경제 활동 인구로 구분하면 나머지가 경제 활동 인구가 된다.
경제 활동 인구는 다시 실업자와 취업자로 나뉜다. 언론에 비춰지
는 실업률이 우리가 실제로 체감하는 수치보다 훨씬 낮게 느껴지
는 건 취업자의 범위가 통상적으로 우리가 생각하는 것에 비해 많
이 넓기 때문이다.

　여기서 정의하는 취업자의 범주는 아주 광범위하다. 일주일에
단 한 시간이라도 돈을 버는 아르바이트를 하면 취업자로 구분한

다. 또한 당장은 실업자 신세지만 고향에 계신 아버지 농사일을 주당 18시간 이상 무급으로 도왔다면 그것 역시 취업자로 구분한다. 낮은 체감 실업률 숫자에 가장 결정적인 영향을 미치는 집단은 바로 구직 단념자다. 아무리 용을 써도 취직이 안 되어 더 이상 적극적 구직 활동을 하지 않거나 포기한 사람을 구직단념자 또는 실망 실업자라고 한다. 그들은 통계상 경제 활동 인구 중 실업자가 아니라 아예 비경제 활동 인구로 구분한다. 비경제 활동 인구가 된다는 건 실업률의 기준을 삼는 분모에서 아예 제외된다는 것을 의미한다. 우리 주위에서 흔하게 볼 수 있는, 취직이 안 되어 그냥 노는 사람들을 실업자로 분류하지 않는다는 것이다.

우리나라는 성년의 나이를 갓 넘긴 청년층이 군대에 가야하는 문제 때문에 실업률의 정의를 국제노동기구(ILO)의 정의를 따른다. 여기서 말하는 실업의 정의는 '15~29세 중 지난 일주일간 구직 활동을 한 적이 있는 사람'이다. 결국 경제 활동 인구 중 대학생 아르바이트도 취업자다.

실망 실업자라고 부르는 그 많은 구직 단념자는 비경제 활동 인구로 분류되어 아예 실업률을 따지는 모수치에서 빠진다. 또한 비경제 활동 인구로 분류된 대학생이 단기 아르바이트라도 하게 되면 곧바로 취업자로 집계된다. 이런 집계 과정에 의해 실업률이라는 수치가 우리에게 크게 와닿지 않는 것이다. 이런 산출 방식이 국제적 표준이라고 하니 통계청이나 고용노동부에 따질 문제도 아니다. '실업률이라는 수치가 원래 그렇구나' 하고 알고 있으면 된다. 현실을 반영하지 못하는 이런 수치가 정부의 입맛에 맞도록 아주 작게 나와서 그들은 이 수치를 대외적으로 잘 써먹는다.

그러니 실업률이 전년 대비 낮아졌다는 언론 기사를 보면서 고용이 안정되어 가고 있다고 판단하면 오판이다. 실업률이 낮아졌다면 저임금 비정규직 취업이 많이 늘었다고 생각해 볼 수도 있고, 아예 분모에 집계조차 안 되는 구직 단념자가 더 많아졌겠거니 하고 생각해 볼 수도 있다. 이런 이유로 정부에서 발표하거나 언론에 노출되는 실업률이라는 수치는 우리에게 어떤 것도 제대로 알려주지 못한다. 숫자에 현혹되어선 안 된다.

그렇다면 고용률은 어떨까. 실업률은 말도 안 되는 단 자리 숫자지만 우리나라 고용률은 60~70% 사이를 오간다. 일면 그럴듯해 보인다. 고용률은 생산 가능 인구 중 취업자의 비율이다. 경제, 비경제 활동 인구를 모두 포함하는 생산 가능 인구가 분모라서 실업률 통계의 맹점인 비경제 활동 인구 중 구직 단념자를 포함시킨다. 하지만 고용률 역시 맹점이 있다. 실업률은 분자, 분모가 모두 문제이고 고용률은 취업자 수라는 분자가 맹점이다. 앞서 이야기했듯이 일주일에 유급으로 단 한 시간만 일해도 취업자로 분류한다. 고용률에서 말하는 취업자는 취업의 질을 따지지 않는다. 편의점 아르바이트부터 시간제 비정규직까지 모두 취업자인 것이다. 우리는 그런 취업에 대해 '엄마, 나 드디어 취직했어. 축하해 줘'라고 말하지 않는다.

통계학에 'Garbage in, garbage out'이란 속설이 있다. 통계란 커다란 기계 위 뚜껑을 열어 쓰레기를 잔뜩 넣고 스위치를 돌리면 곧 아래 뚜껑이 열리면서 툭 하고 다시 쓰레기가 나온다는 말이다. 사람들은 남을 설득하기 위해 구체적이고 객관적인 통계 수치를 들이대곤 하지만 그 숫자가 어떻게 나온 수치인지 잘 따져 볼 필요가 있다. 결국 우리가 뉴스에서 혹은 인터넷 기사에서 보는 실업률이나 고용률 같은 수치가 정확히 어떤 의미인지 알 필요가 있다. 이런 대외적 수치보다 더 중요한 것은 실제 체감 숫자다.

주위를 한 번 둘러보자. 진학이나 창업 같은 취업률 취합 수치에서 빠지는 친구들을 제외하고 진정 취업을 하려는 사람들 중 과연 몇 명이나 취업에 성공하는지 가만히 들여다보면 그것이 진짜 체감 취업률이자 실업률인 것이다. 주위의 청년층 취업상태를 유추해 보자. 실업률 70%, 취업률 30% 정도인가, 아니면 그 이상인가. 취업률 30% 중에서도 취업의 질을 따져 본다면 진짜 우리가 축하해 줄 만한 취업을 한 사람은 기껏 열 명 중 한두 명 정도일 뿐이다. 그렇다면 체감 실업률은 80~90%라고 해야 할까. 너무 나갔나?

02 /

아프냐?
나도 아프다

아픈 만큼 성숙해지는 건 특정 소수에게만 해당된다.

    첫 직장에서 나는 이 년 반 만에 '짤렸다.' 봄바람이 따스했던 5월 어느 날이었고 내 나이 겨우 스물여덟이었다. 처음 해 본 직장생활은 TV 드라마에서 보아 온 것 또는 이전에 상상했던 것과는 아주 많이 달랐다. 지금 생각해도 신입 시절 나는 일을 지지리도 못했다. 직속 상사의 기대와 달리 나는 직장에서 나만의 세계에 빠져 있었다. 직장은 TV 드라마에서처럼 목걸이 이름표를 걸고 커피숍에 앉아 은밀한 사내 연애나 하는 공간으로 알고 있었다. 이러니 상사의 눈 밖에 날 수밖에 없었다. 어느 책 제목처럼 《지금 알고 있는 걸 그때도 알았더라면》의 회한을 한참 나이가 든 후에야 느끼게 되었다.

    우리 식구 중 그 누구도 나처럼 직장생활을 해 본 사람이 없다. 그들은 평생 백수로 살았다. 내가 직장생활로 힘들어 할 때 가족은 내게 아무 도움을 주지 못했다. 소주잔을 기울이며 고민을 나눌 변변한 친구도 없었다. 그때 나는 그 흔한 자기계발서조차도 읽지 않았다. 내가 나의 정체성과 자존감을 찾을 수 있는 곳은 사이버 공간밖에 없었다. 아직 한창의 나이였지만 나는 시작부터 길을 잃고 주저앉고 말았다. 회사에서 구조 조정을 당한 뒤 나는 매일 밤을 새워 가며 컴퓨터 게임에 몰두했다. 온전한 한 명의 조직 구성원으로서 인정받지 못했다는 패배 의식을 씻어낼 만한 내체재가 내게 절실했다.

매일 밤을 새워 가며 컴퓨터 게임을 하고 동이 틀 무렵에야 잠에 빠져드는 생활이 일상화였던 우울한 청년 시절이었다. 한참 자고 일어나 보면 낮 서너 시일 때가 다반사였다. 그때마다 창문을 가로질러 방안에 가득한 햇살이 눈부셨다. 몇 시인지 구분도 잘 안 되었다. 대학을 졸업한 혈기 왕성한 이십 대 청년이 벌건 대낮에 방구석에서 뭘 하고 있는 건지 자괴감이 들었다. 회사에서 나온 후 받은 약간의 퇴직금으로 우선 카드 빚을 갚았다. 빚을 제하고 내게 남겨진 건 단돈 백만 원과 일을 제대로 못해 회사에서 '짤렸다'는 불명예가 전부였다.

이쯤에서 반전이 시작…… 되지 않았다. 훌륭한 사람들은 젊은 날 이런 시련을 불굴의 의지로 뛰어넘어 재도전을 거쳐 성공한다. 성공하는 사람들은 실패로부터 교훈을 얻는다. 하지만 난 그 많은 '성공한' 사람들 부류에 끼지 못했다. 남은 돈 백만 원으로 재취업의 발판을 마련하기 위해 학원 따위에 등록하지 않았다. 남들처럼 새로운 용기와 희망을 얻기 위해 어딘가로 여행이라도 가지 않았다. 방구석에 홀로 앉아 남은 돈으로 라면이나 과자를 사 먹고 전기세와 인터넷 전용선 요금을 냈다.

내 미래에 대한 투자와 기본적인 생존 욕구 중 나는 서슴없이 현재의 생존 욕구에 충실했다. 워낙 가진 것 없이 살아온 탓에 내 수중의 백만 원이란 돈은 내겐 피와도 같았다. 이런 허송세월을 약 일 년 동안이나 지속했다. 그리고 이듬해 5월, 운 좋게 재취업에 성공했다. 밤낮 없이 컴퓨터 게임만 하며 살고 싶었지만 그 당시 내게 재취업이란 더 이상 라면을 살 돈이 없어 어쩔 수 없이 할 수 밖에 없었던 선택 중 하나였다.

형편없는 회사였지만 그래도 재취업에 성공한 건 순전히 운이 좋아서였다. 입사 운은 좋았지만 아쉽게도 첫 직장에서의 실패가 두 번째 직장에서도 나를 그리 크게 바꿔 놓지는 못했다. 일을 잘 해 보려 했지만 생각대로 잘 되지 않았다. 직장생활이란 자신이 하기 나름이라는 말이 있지만 내가 두 번째로 간 그 직장은 이전투구의 각축장이었다.

매일 온몸이 진흙으로 범벅이 되었다. 팀은 존재했지만 팀워크는 어디에도 없었다. 매월 할당 받은 영업 실적을 채우기 위해 팀원들은 서로의 영역을 넘나들었다. 그야말로 한눈팔다가 내 코가 베이는 정글이었다. 나는 직원들로부터 매일 상처를 받았다. 상처가 미처 아물기도 전에 또다시 생채기가 나는 아픔의 날들이 반복되었다. 남을 밟아야 올라가는 그 정글에서 나는 다른 직원들이 나를 밟고 올라갈 수 있도록 '깔판' 역할에 충실했다. 나는 그것을 희생이라고 말하고 싶지만 그건 영락없는 패배였다. 아침에 눈을 뜨면 그 정글에 내 발로 들어가야 한다는 생각에 스트레스가 이만저만이 아니었다. 첫 직장 실패 후 일 년 동안 돈 없이 굶주렸던 그 고통이 두 번째 직장에서의 스트레스보다 더 컸으리라. 미련하게도 나는 아픔을 참아 가며 그곳에서 오 년 반을 견뎠다. 첫 직장 이 년 반 그리고 두 번째 직장 오 년 반을 합해 내 젊은 날 자그마치 팔 년은 내게 아픔의 나날들이었다.

아픈 만큼 성숙해지지 않더라

내가 제일 싫어하는 책 제목은 김난도 교수의 《아프니까 청춘이다》다. 책 내용은 잘 모르겠다. 우선 책 제목이 눈에 너무 거슬린다. 왜 청춘은 꼭 아파야 할까. 정작 저자 자신도 청춘 시절 지금의 청년들이 하고 있는 고민을 하긴 했을까. 물론 세대가 다르니 단순 비교는 힘들다. 이 저자의 청춘 시절, 그를 아프게 했던 것이 지금 청년들이 느끼는 아픔과 같을 수 없다. 이처럼 세대별로 느낀 아픔이야 각기 다르겠지만 지금 청년들의 고민 중 가장 큰 것은 단연코 먹고사는 문제와 결부되어 있다.

시국이 어수선해 나라를 바로 세우겠다는 이상과 단단한 현실 사이에서 이념으로 갈등하거나 하늘도 맺어 주지 못한 로맨틱하고 가슴 아픈 남녀상열지사가 청춘의 아픔이라면 차라리 좀 낫겠다. 극심한 양극화 사회에서 살아가고 있는 지금, 청춘과 중년을 막론하고 먹고사는 문제는 이 모든 것을 뛰어넘는다.

반면 저자는 먹고사는 데 하등 지장 없을 서울대 교수이고 책도 잘 팔려서 돈도 잘 벌 것 같다. 이 책 제목에 내가 특히 저항감을 갖는 것은 김난도 교수가 가진 것의 발끝만큼이라도 가진 것 없는 나의 못난 열등감이라고 생각한다.

아프긴 중년도 마찬가지다. 젊은 시절 아픔을 거쳐 어느덧 중년에 접어든 나는 예나 지금이나 울고 싶을 때가 많다. 아픈 건 결코 청춘뿐만이 아니다. '아프니까 청춘이다'란 제목에 영감을 얻어 그 후속작으로 '갈 데 없는 중년이다'란 제목으로 책을 한 번 써 보고 싶다.

젊은 시절 열심히 달려 중년에 이른 후 세상에서 먹고살 수 있는 내 실력은 일찍부터 다 발가벗겨졌다. 게다가 여기에 인생 동반자처럼 고지혈증이나 고혈압 또는 노안 같은 노인성 질환 한두 가지가 더해진다. 천명관의 소설 속 표현대로 '파이프가 고장 나서 매일매일 빤쓰가 축축해진 터'이지만 가족이란 무게가 나를 짓누른다. 더 달리고 싶지만 부르는 곳도, 딱히 갈 곳도 없다. 황량한 사막 한가운데서 길을 안내하는 내비게이션은 이미 고장 났고 차 기름은 다 떨어져 간다. 내 차 뒷좌석에서는 아내와 자식들이 멀뚱멀뚱 내 눈만 쳐다보고 있다. 어느덧 해는 서쪽으로 뉘엿뉘엿 지고 있다. 운전대를 잡은 중년의 사내는 어디로 가야 할지 모른다. 문득 외로워진다.

중년 사내의 넋두리로 논점이 약간 흐려졌다. 청년층이나 중년층이나 힘들긴 모두 마찬가지다. 단지 그 '힘듦'의 차원이 다를 뿐이다. 청년층이 특히 더 힘든 건 기본적인 먹고사는 문제 자체에 대한 상대적 빈곤 또는 상대적 박탈의 문제에 그 원인이 있다. 이미 거친 사막을 제 발로 달려온 중년들이야 그 시점에서 잘 살고 못 살고의 문제를 스스로에게 책임을 물을 수 있다.

나이 사십이면 자신의 얼굴에 책임을 져야 한다는 말로 대체적인 것들을 설명할 수 있다. 하지만 청년층의 '힘듦'의 문제는 그 시발점부터 좀 딜리 봐야 한다. 공정해 보일 뿐 실제로는 공정하지 않은 기회 분배부터 문제가 시작한다. 비슷한 실력을 갖추어도 출신 성분에 따라 각각의 출발점이 달라진다. 힘든 일을 기피하는 현상으로 일할 사람이 없어 외국인 노동자로 채워져야 하는 시장이 존재하여 일자리 양극화가 심해진다. 어느덧 갑과 을의 구분이 확연해지기 시작한다. 난무한 대중 매체와 SNS 같은 개인 소통 수단 발달로 이미 모든 정보가 대중에 공개된다. 그 정보의 홍수 속에 실제로 그렇지 않을 수 있지만 표면적으로 좋은 것과 나쁜 것이 확연히 구분된다. 부자 아니면 빈자, 대기업이 아니면 '의문의 1패' 같은 이상한 가치관이 언젠가부터 주류로 형성되었다.

이 장의 제목처럼 '아프냐?'에 이어질 다음 문장에 대해서 한번 나열해 본다. '아프냐? 그럼 병원 가'라고 해결책을 제시하는 건 너무 무미건조하다. 이 나라에 아픈 사람이 너무 많아서 마땅히 나를 잘 치료해 줄 병원을 찾기가 힘들 것 같다.

'그럼 부모를 원망해.' 혹시 이렇게 말하는 이가 있다면 그에게 시원하게 뺨을 한 대 날리자. '엄살떨지 마. 우리 때는 더 힘들었어'하며 자신들의 과거와 비교하는 사람이 있다면 그들은 분명히 고리타분한 '아재들'이다. '니들이 아프리카 오지에 안 가 봐서 그런 말을 하는 거야'라고 말하는 이가 있다면 '네네, 알겠습니다'라고 정중히 답변하고 더 이상 그와 말을 섞지 않으면 된다.

이런 말을 하는 사람도 있을 것 같다. '아픈 만큼 성숙해지니 잘 견뎌라.' 글쎄? '젊어서 고생은 사서도 한다'는 말과 상통하는 것 같은데 그 말에는 전제 조건이 있다. 실패를 발판 삼아 교훈을 얻고 추후 실천으로 전환할 수 있는 사람에 한해서다. 그런 사람은 일부 범상치 않은 사람들이다. 시중에 나와 있는 수많은 자기계발서에서 말하는 것처럼 사람의 일이란 그 책 내용대로 쉽게 이루어지지 않는다. 시련을 딛고 성공하는 것은 멋진 일이지만 시련 없이도 성공적인 삶을 살 수 있다면 그보다 더 좋은 일이 있을까.

아픈 만큼 성숙해지는 건 특정 소수에게만 해당된다. 나처럼 지극히 평범한 사람에게 아픔과 시련은 깊은 상처와 지울 수 없는 흔적만 남길 뿐이다.

'아프냐?' 다음에 이어질 말 중 정답은 그저 '나도 아프다'면 족하다. 이 말만큼 공감적 표현은 없다. 누구든 어설프게 타인을 위로하려 하지 말자. 해결책을 제시하는 것도 부적절하다. 힐링 (healing)이나 해답이 필요한 것이 아니다. 이런 불확실한 시대에 살면서 자신의 진로에 대해 고민하는 청년층에게 '아프냐?'라는 질문에 내가 해 줄 수 있는 말은 그저 이것뿐이다. '나도 아프다.'

03

SNS,
양날의 검

SNS는 양날의 검이다. 이를 잘 다룰 줄 아는 사람만
이 그 보검을 지닐 자격이 있다.

2015년인가 그 이듬해인가 잘 모르겠다. 프로야구단 KT 위즈의 한 야구 선수가 한국야구위원회(KBO)로부터 중징계를 받았다. 그는 당시 전도유망한 팀의 주전 포수였지만 징계를 받은 그 해 1군에 단 한 경기도 출전하지 못했다.

여자 친구와 주고받았던 한 치어리더의 개인 신상에 대한 문자 내용이 문제가 되었다. 그 사적인 내용을 여자 친구가 SNS에 올리면서 문제가 커졌고, 결국 최초 원인을 제공한 혐의로 징계를 받게 된 것이다. 대중에게 알려진 사람에게 SNS는 이제 개인의 사적 공간이 아닌 것이 되어 버렸다. 그는 야구 실력만 보면 한창 물이 오른 선수였다. 롯데에서 이적한 후 선수 생활의 꽃을 피우나 싶었는데 아쉽게도 중징계를 당하면서 야구 인생에 제동이 걸리고 말았다.

애초의 탄생 본질이 변질된 SNS는 이제 부메랑이 되어 우리 목을 향해 날아오고 있는 형국이다. SNS를 이용하는 상당수 사람은 그것을 통해 상대적 박탈감을 해소한다. 실제의 삶은 비루하지만 행복해 보이는 사진을 올리거나 그럴듯한 문장으로 '나 이렇게 잘 먹고 잘 살고 있소'를 불특정 또는 특정 다수에게 은근슬쩍 어필한다. 그러면서 묘한 우월감이나 희열을 얻는다. 게시물에 달리는 '좋아요'나 '댓글 수'가 그 사람의 사회적 영향력으로 간주되기도 한다. 이 시대 루저(Loser)들은 그러한 것을 자아실현이라고 착각하기도 한다.

그뿐만 아니라 자존감이 조금 부족한 사람은 SNS에 자신이 올린 게시물의 '좋아요'나 '댓글 수' 또는 이웃이나 자신을 따르는 팔로워(follower) 수가 자신의 입지를 더 곤고히 해 준다는 거짓 믿음을 갖기도 한다. 여기에는 그간 가정이나 학교 또는 오프라인 어디에서도 자신이 인정받지 못한 것에 대한 보상 심리가 작용했을 수도 있다.

SNS는 분명히 정보의 빠른 확산이라는 본연의 긍정적 기능이 있다. 거미줄처럼 연결된 사회 관계망을 통해 내가 몰랐던 사람과 광대한 인적 네트워크도 만들 수 있다. 이런 순기능만 잘 골라 사용한다면 무슨 문제가 있을까. 그렇지 못하다면 SNS의 오용은 '싸질러 놓은 똥' 이외에 아무것도 아니다. 똥을 싸질러대는 과정에서 치명적인 실수를 하기도 하고, 앞서 언급한 야구 선수 사례처럼 그것이 내 앞길을 가로막기도 한다.

SNS 긍정적 기능만 골라내기

이제 개인 진로 측면에서 SNS를 생각해 보자. SNS를 통해 다양한 취업이나 창업 정보를 얻을 수 있다. 이미 산업 전선으로 나간 선배들을 통해 좋은 기회나 정보를 얻을 수도 있다. 요즘 시대에 인적 네트워크는 정말 무시할 수 없다.

페이스북에 올린 잘 찍은 사진 몇 장 때문에 어느 기관 홍보대사로 일해 줄 것을 제안 받은 사람도 있다. 자기가 사는 동네 풍경을 찍어 SNS에 올렸을 뿐인데 그의 사진은 그 고장을 방문하고 싶게끔 하는 매력이 있었다. 그 고장 홍보대사로 일한 경력을 바탕으로 그는 지금 유명 회사 홍보팀에서 근무하고 있다.

KBS 장수 프로그램 〈전국 노래자랑〉에서 대상을 받은 어느 군청 소속 여자 공무원이 있었다. 나는 가끔씩 유튜브를 통해 그녀의 노래를 듣는다. 유튜브 상에서 조회 수가 수백만 건이 훌쩍 넘는다. 나는 원곡을 불렀던 가수보다 그 구청 공무원이 훨씬 잘 불렀다고 생각한다. 〈전국 노래자랑〉에 출연하기 전까지 그녀는 아무도 알아주지 않는, 강원도 골짜기에 처박힌 공무원일 뿐이었다. 그랬던 그녀의 노래가 한참 시일이 지난 후 SNS 상에서 다시 화제가 되었다. SNS를 통해 그 영상이 다시 돌고 돌아 아마 해당 방송국 제작진의 눈에까지 들어갔으리라 생각한다. 곧바로 프로그램 제작진이 연말 결선을 위해 그녀를 다시 찾아 나섰다. 지금 그녀는 유명 트로트 가수가 되어있을지도 모른다. 내가 음반 기획자라면 그녀에게 꼭 한 번 기회를 주고 싶을 정도다.

좋은 정보 확산을 위해 SNS는 분명 엄청나게 효율적인 도구다. 하지만 나는 SNS를 양날의 검이라고 말하고 싶다. 잘 다룰 줄 아는 사람만이 그 보검을 지닐 자격이 있다. 무심코 SNS에 올린 직장 상사에 대한 욕이나 원망이 돌고 돌아 다시 그 직속 상사에게 들어갈 수도 있다고 생각해 보자. 물론 직속 상사에게 은근슬쩍 보여 줄 목적으로 의도적인 게시물을 남길 수도 있다.

이는 현장에서 열심히 일하는 나의 모습을 이른바 페이스북이 아닌 '페이크북'(fakebook)에 게시하는 따위의 위선적인 것들이다. 직장 상사는 부하 직원이 올린 그 게시물을 보며 '좋아요'를 눌러 준다. 굳이 이렇게까지 할 필요가 있을까. 일하는 모습을 어필하고 싶다면 사내 이메일이나 인트라넷 등 정식 보고 라인을 통해서 하면 된다. 떡집에서 일을 하다 보면 손에 떡고물이 묻게 마련이고 진흙 밭을 걸어가다 보면 신발에 진흙을 묻히지 않을 수 없다. SNS가 바로 그 떡집이며 진흙 밭인 것이다.

SNS를 통해 다른 사람들에게 관심을 받게 된다는 것은 좋은 일이기도 하지만 치러야 할 대가도 분명 따른다. 사생활이 많이 노출된 연예인들의 경우를 생각하면 이해가 쉽겠다. 항상 겸손하자. 현명한 사람은 진정 좋은 것은 밖으로 드러내지 않는다. 숨길 것은 숨길 줄 아는 스마트한 사람으로 남아야 한다. SNS는 정말 조심스럽게 다뤄야 할 뜨거운 감자다.

내게 도움이 될 만한 정보만 잘 골라 사용하되 향후 내 진로에 발목을 잡히지 않도록 각별히 신경 써야 한다. SNS는 분명 다루기

힘든 양날의 검이다. 긍정적인 기능만 잘 골라내어 조심히 다루기
로 하자.

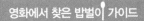

그렇게 유명해지길 원하는가?

트루먼 쇼(The Truman Show)

한 개인에게 미칠 수 있는 대중 매체의 위험성

남자 주인공 트루먼은 〈트루먼 쇼〉라는 TV 프로그램을 통해 전 세계인에게 노출되어 있다. 한마디로 연예인급 유명인이다. 문제는 TV 출연 결정에 트루먼의 자발적 의사는 전혀 없었다는 것이다. 이 프로그램을 만든 제작진은 아주 은밀하게 그를 만인의 광대로 만들었다. 모든 상황이 트루먼의 선택과 관계없이 제작진에 의해 정교하게 조작되어 있다. 안타깝게도 트루먼만 이 상황을 모른다.

이 상황을 총지휘하는 연출자 '크리스토프'는 트루먼이 오히려 선택받은 삶을 산 것이라고 대변한다. 크리스토프의 이름은 천지를 창조하신 예수(Jesus Christ)를 상상할 수 있는 이름 'Christof'다. 크리스토프가 예수처럼 세상(세트장)을 만들었고 트루먼이라는 한 인간을 선택했다. 트루먼은 자신이 전 세계인이 보는 무대에 선 광대라는 것을 알게 된 후에야 대형 세트장의 무대 밖으로 스스로 문을 열고 나가 버린다. 이것이 지금껏 살아온 자신의 일생에서 스스로 한 단 한 번의 자발적 선택이었다.

영화는 대중 매체 속 개인의 삶을 조명한다. 영화 제작진은 대중 매체의 폭력성과 상업성에 일침을 가한다. 맨 마지막 장면은 그런 의도를 잘 보여 준다. 마지막 장면이 이 영화의 백미다. 마지막 장면은 이렇다. 한 시청자는 지금까지 잘 봐 왔던 〈트루먼 쇼〉가 트루먼의 자발적 하차로 대단원의 막을 내리자 여지 없이 리모컨과 TV 가이드를 찾는다. 여태껏 그렇게 재밌게 봐 왔건만 시청자에겐 극이 끝나면 그만이다. 그들은 더 재밌고 자극적인 프로그램을 찾아 리모컨 버튼만 누르면 된다. 전 세계 시청자는 끝나 버린 프로그램 주인공 트루먼의 상처에는 아무 관심이 없다.

인기를 얻는다는 것의 위험성

대중의 관심을 받거나 많은 인기를 얻는다는 건 동전의 양면과 같다. 일면 좋아 보이지만 한 개인으로서 인기가 떨어진 후에도 긴 인생을 살아가야 한다는 점을 생각한다면 얻은 만큼 내줘야 할 것도 많다.

어느 책에선 가장 불쌍한 부류의 사람은 너무 어린 나이에 유명해진 사람이라고 한다. 그들이 가지고 있는 이미지가 평생 대중의 기억에 남는다. 공인(公人)이라는 이유로 대중이 그들을 대하는 잣대도 더 엄해진다. 대중의 인기를 얻은 사람은 자신이 쓰고 있는 왕관의 무게를 견뎌야 한다. 대중의 인기는 한순간 피고 지는 안개와 같다. 하지만 새벽의 아름다운 그 안개 속에서 되돌릴 수 없는 큰 교통사고가 나기도 한다. 대중은 안개가 깔린 운치 있는 새벽 오솔길보다 안개가 걷힌 도로 위에서 교통사고가 나서 선혈이 낭자한 채 쓰러져 있는 운전자에게 더 관심을 갖는다. 도로에 쓰러져 있는 그 운전자가 나라면 얼마나 끔찍하겠는가. 대중의 관심은 곧 시기 질투가 되어 내게로 돌아온다. 남 잘되는 꼴을 못 보고 뭔가 화풀이라도 해야 속이 시원한 부류의 사람들이 많다. 잘나가는 연예인의 결혼 소식보다 그들의 이별이나 파경 소식이 더 재밌다. 이것이 인간 본심이다.

SNS는 인생의 낭비라고 말한 퍼거슨 감독의 일침을 기억해야 한다. 요즘 개개인의 사생활이 각종 SNS를 통해 불필요하게 너무 많이 공개되어 있다. 잠깐의 관심과 인기를 얻기 위해 훗날 더 많은 것을 잃어야 하는 것을 감당할 자신이 있는 자만이 트루먼 쇼의 주인공이 될 수 있다. 트루먼의 대중적 인기는 분명 비자발적이었지만 다행인지 불행인지 요즘은 얼마든지 자발적으로 유명인이 될 수 있다. 유명인의 왕관을 쓰고 싶은가. 그 왕관의 무게를 견딜 수 있다면 그 선택은 바로 당신의 몫이다.

04

선택의 기로에 선
당신에게

누구나 본인 스스로를 합리적 인간이라 말하지만 선택을 함에 있어서 대부분의 사람은 합리적 선택을 잘하지 못한다.

내 처제는 아이가 셋이다. 처제 남편인 동서가 혼자 외벌이를 하는데 처제네 식구들을 만날 때마다 나는 경제력과 생산력은 반비례한다고 처제를 놀리곤 한다.

요즘은 아이 셋을 둔 가정이 흔치 않다. 장난삼아 놀리는 것이지만 처제는 진정 애국자다. 처제는 아이들을 끔찍이 사랑한다. 처제는 아이들의 몸에 해로울 것 같은 군것질을 절대 허용하지 않는다.

세 조카 중 첫째가 열 살 때의 일이다. 무더운 여름 날 일이었다. 나는 처제 집에 갔다가 조카들과 함께 공원에 나가게 되었다. 처제는 마침 외출을 한 터였다. 나는 조카 셋과 슈퍼마켓으로 향했다. 조카들에게 시원한 아이스크림을 사 주기 위해서였다. 물론 처제가 알면 몸에 해로운 바깥 음식을 먹인다고 난리날 일이었다. 반면 조카들은 엄청 들떠 있었다. 난 조카들에게 먹고 싶은 것 아무거나 고르라고 말했다. 제 엄마의 유난에 평소에는 거의 먹지 못하는 아이스크림을 하나만 고르라니 조카들은 제 나름대로 적지 않은 고민에 빠졌다. 뭘 먹을까 한참을 고르던 중 맏이가 먼저 하나를 골랐다. 맏언니의 행동을 보고 막내도 금세 하나를 집어 들었다. 하지만 둘째는 냉장고 안을 손으로 이리저리 휘젓기만 할 뿐 자신이 먹고 싶은 아이스크림을 고르지 못했다. 양손에 각기 다른 여러 개 아이스크림을 들고 이리 보고 저리 보며 심각한 고민에 빠져 있었다. 둘째의 입장에서 보면 평소에 잘 먹지 못하는 아이스크림을 먹을 수 있는 기회가 모처럼 왔는데 하나만 고르라니 심히 괴로웠으리라. 둘째는 한동안 어느 것도 선택하지 못했다. 나는 결국 양손에 하나씩 쥐고 먹을 수 있도록 아이스크림 두 개를 사주었다. 그제야 둘째 는 안도의 한숨을 내쉬며 환하게 웃었다.

아이 입장에서 보면 아이스크림을 하나만 고르기엔 나머지 모두를 포기해야 하는 기회비용이 발생한다. 아이에게는 하나를 골랐을 때의 만족감보다 나머지를 포기해야 하는 아쉬움이 훨씬 컸으리라. 어린아이로서 일 년에 몇 번 오지 않을 그런 기회에 선택보다 포기를 강요하는 건 너무 가혹해 보인다. 누가 이런 아이에게 우유부단하다고 탓할 수 있겠는가.

요즘 아이들은 대체로 '결정 장애'라 일컫는 선택 문제에 자유롭지 않다. 나의 조카는 태어날 때부터 결정 장애적 성향을 가지고 태어났을 수도 있다. 선천적 성향과 더불어 부모 위주의 성장 환경도 아이들이 선택 장애를 겪는 원인이 된다. 지금 세상은 '헬리콥터맘(helicopter mom)' 같은 단어가 생길 정도로 부모가 아이의 일거수일투족에 관여한다.

헬리콥터맘이란 단어는 이미 검색 포털 사이트에 시사 용어로 이렇게 등재되어 있다.

'아이들이 성장해 대학에 들어가거나 시회생활을 하게 되어도 헬리콥터처럼 아이 주변을 맴돌면서 온갖 일에 다 참견하는 엄마.'

참 기가 막힐 노릇이다. 요즘 아이들은 하교 후 여러 학원을 투어 하느라 녹초가 된다. 매일 꽉 짜여진 일정들을 소화하면서 하루 중 아이가 할 수 있는 자발적 선택이란 쉬는 시간에 편의점에 들러 요기를 할 컵라면 종류를 선택하는 것 정도다. 이런 환경에서 자란 아이는 성인이 되어도 선택 장애에서 좀처럼 벗어나기 힘들다.

대학교와 학과를 정하는 것, 수강 신청을 하는 것, 진로를 모색하는 것, 심지어 이성 친구를 사귀는 문제도 그들에게는 심각한 난제다. 자발적 선택 후 결과에 대한 책임을 회피하기 위해 청년들은 친구나 가족들이 좋아하고 그들이 권하는 선택에 따른다. 타인의 욕망을 욕망하는 것이다. 심지어 불특정 다수가 모인 SNS에 자신의 선택권을 팔로워들에게 떠넘기기도 한다.

인생 최대의 난제, 선택

무언가를 선택한다는 건 누구에게나 힘들다. 죽느냐 사느냐 같은 햄릿의 무거운 고뇌 따위까지 갈 것도 없다. 당장 한 끼를 때우기 위한 것에서부터 선택 갈등은 시작한다. '짜장이냐 짬뽕이냐'의 선택을 놓고 일말의 망설임 없이 하나를 선택하는 건 결코 쉽지 않다.

선택하는 것이 어려운 건 우리에게 너무 많은 정보가 노출되어 있기 때문이다. 하나를 선택함으로써 나머지 전부를 포기해야 할 기회비용이 너무 아깝기 때문이리라. 그래서 요즘 사람들은 이익을 극대화하는 선택을 하기보다 조금이라도 손해를 덜 보는 것으로 선택의 방향을 잡는다. 이는 경제학 이론서에도 나오는 이야기다. 누구나 본인 스스로를 합리적 인간이라 말하지만 선택을 함에 있어서 대부분의 사람은 합리적 선택을 잘 하지 못한다.

전자 제품 유통 회사 근무 시절 내가 경험했던 이야기다. 불황의 여파로 회사는 구조 조정을 해야 했다. 이때 경영진이 꺼내든 카드는 회사가 직접 운영하는 직영 매장 몇 점을 줄이거나 직영점 운영 주체를 회사에서 개인으로 바꾸자는 것이었다. 회사가 직접 운영하는 직영 매장은 비용을 따지지 않는다면 개인 사업자가 운영하는 것보다 여러모로 장점이 많다. 회사가 모든 것을 투자하여 직접 운영하기 때문에 소비자에게 질 높은 서비스를 제공할 수 있고, 자사 브랜드에 대한 소비자의 충성도를 높일 수 있다. 하지만 임대료나 인건비 등 고정 비용이 많이 들기 때문에 회사가 지불해야 하는 비용 측면에서 보면 개인 사업자로 운영자를 변경하는 것이 유리하다.

이 지점에서 경영진에게 걸린 선택의 문제는 둘 중 하나였다. 특정 지역에 있는 P매장을 아예 철수하는 방안과 운영 주체를 바꾸어 그대로 유지하는 방안 중에 선택해야 했다. P매장은 상권 특성상 매출이 잘 나오지 않는 매장이었다. 경영진은 철수 쪽에 무게를 두고 있었으나 우리 팀 부서장은 자신의 관할 지역 내 매장 철수를 못마땅해 했다. 주변에서는 철수 원인이 관리 부실이라 생각할 수도 있기 때문에 자존심이 상할 수도 있었다. 또한 해당 상권 매출을 책임져야 하는 부서장 입장에서는 P매장을 지속 유지하여 얼마 동안이라도 매출을 만들어 내는 것이 더 좋은 일이라고 생각했을지 모른다.

부서장은 회사의 만류에도 불구하고 P매장 운영에 대해 사업자를 잘 선정하여 다시 한 번 운영해 보겠노라고 경영진에게 보고했다. 그 이전부터 우리 팀원은 부서장의 지시대로 P매장 운영에 대한 거짓 운영 보고서를 만들었다. 그 보고서의 골자는 6개월 내 매출이 증대하고 이익이 발생한다는, 그야말로 짜맞추기식 보고서였다. 마치 국가에서 시행하는 대형 토목 공사 수주를 위한 외부 기관의 용역 보고서와 같았다. 되는 것으로 먼저 좌표를 찍어 놓고 나머지를 그 좌표에 맞추는 식이었다. 잘 되기야 한다면 회사는 비용을 절약한 채 기존 매출을 유지할 수 있고, 우리 팀도 없어질 매출을 다시 만들 수 있다. 그 가운데 신규 운영자도 돈을 벌 수 있다. 이것이 가장 좋은 시나리오지만 실무자 입장에서 객관적으로 보면 P매장 운영에 대한 결정은 아깝지만 손절매가 필요한 타이밍이었다. 부서장은 아마 그동안 들였던 비용과 정성에 대한 매몰 비용을 아까워하지 않았을까 싶다.

애초에 안 될 일은 처음부터 아귀가 딱딱 맞아떨어지게 마련이다. 부서장은 P매장 대표자가 될 사람도 미리 섭외해 두고 있었다. 그 운영 예정자는 그해 명예퇴직으로 회사를 그만둔 동료 직원이었다. OB 출신 매장 점주라 회사에서 많이 밀어 주겠노라고 두 분이 어두컴컴한 지하 술집에서 '노란색 술'을 마시며 사전 밀실 협의를 했을 것이다. 우리 예상대로 매장 재 오픈 후 결과는 처참했다. 우리 부서는 부서장의 지시대로 많은 자원을 P매장에 투자했지만 P매장 새 주인은 결국 1년을 버티지 못하고 적자에 허덕여 문을 닫고 말았다. 부서장의 비합리적 결정으로 이득을 본 건 매장 임대료를 꼬박꼬박 받아 온 건물주인밖에 없었다.

결과를 떠나 부서장의 선택은 합리적이지 못했다. 부서장이 합리적 선택을 하려면 안과 밖으로 객관화할 수 있는 자료에 근거해야 한다. 과거 판매 실적과 투입될 자원을 고려하여 그 매장에서 가능한 미래의 판매 실적을 예상해야 한다. 가까운 미래에 나타날 상권에 대한 변화나 경쟁사 동향도 예측해야 한다. 이런 점을 고려해 본다면 처음부터 합리적 선택은 불가능했을지 모른다. 내가 생각할 때 부서장의 그 선택은 과정의 합리성보다 '단순한 직관(heuristic)'이나 잘될 것이라는 긍정적 희망에 의해 비합리적 사고가 형성되었던 것 같다. 또는 내 손에 굴러 들어오는 떡보다 내

손을 빠져나가는 떡이 몇 배 커 보인다는 '손실 회피 성향'에 의한 판단 착오일 수도 있다.

모든 상황에서 인간이 모든 데이터에 근거하여 합리적 선택을 한다면 주식 시장에서 돈을 잃을 투자자는 없다. 바둑이나 장기를 두는 것도, 하물며 고스톱을 치는 것도 마찬가지다. 비합리적 선택을 반복하는 인간이기에 돈을 잃는 사람이나 게임에서 지는 사람이 있는 것이다.

심리학 개론서에 보면 '인지부조화(cognitive dissonance)'란 용어가 나온다. 이것은 선택이든 신념이든 인간 행동에 대한 내면의 불일치를 논한다. 인간은 그 불일치를 불편해 하고 제거하려 한다.

한 남자가 자동차를 샀는데 사고 보니 마음에 들지 않는다고 가정하자. 이미 샀으니 무를 수도 없다. 그 차를 산 건 자신의 선택이었다. 자신이 한 선택(신념)과 만족감(태도)이 일치하지 않아 그의 심기가 불편하다. 인지부조화를 겪는 것이다.

그 불편함을 해소하기 위해 급기야 그는 그 차를 잘 샀다고 자신을 합리화하기 시작한다. 인간이 선택을 하고 그 결과에 불편해하는 원인은 대체로 자신이 아닌 타인의 시선에 있다. 인터넷에 올라오는 댓글이나 후기 또는 '누가 어떻다 하더라' 같은 소위 '카더라' 정보에 현대인들은 민감하게 반응한다. 현대인은 누구나 타인의 눈을 의식하지 않을 수 없는 사생활 노출 환경에 살고 있기 때문이다.

이런 인간의 비합리적 본성을 탓할 수 없다. 환경적 요건을 극복

할 수 있을 만큼 우리는 똑똑하거나 합리적이지 못하다. 단지 적응만 할 뿐이다. 그래서 사안의 크기를 떠나서 매번 선택은 더욱더 어려워진다.

진로 선택에 최선이란 없다

내가 대학을 다녔던 1990년대에 나는 대한민국에서 안철수란 인물이 가장 훌륭한 사람이라고 믿었다. 적어도 그 믿음은 그가 정계에 입문하기 전까지 지속되었다. 개인적 의견이지만 그가 정계에 발을 들여놓지 않았으면 했다. 전국 유수 대학을 다니며 '청춘 콘서트'를 함께했던 그의 파트너 시골 의사 박경철 원장이 방송에서 정치에 대해서 언젠가 이렇게 말했다.

"잉크 한 방울이 우유 한 잔 색을 흐려놓을 수 있어도 우유 한 방울이 잉크병을 희게 만들 수 없다."

적절한 비유였다. 나 역시 정치계에서는 안철수도 결국 우유 한 방울에 지나지 않을 것이라고 생각했다. 그는 누군가에게 떠밀려서가 아니라 자신의 선택으로 정치에 입문했다. 내가 알지 못하는 저 너머에 그가 바라는 원대하고 고귀한 정치적 목표가 있었는지 아니면 그저 개인의 영달을 위한 선택이었는지는 알 수 없다. 선택에 대한 결과를 본인 스스로 감당할 수 있으면 누가 뭐라고 할 수 있겠는가. 어쨌든 정계에 이미 발을 들였으니 국민의 한 사람으로서 그가 잘 해내길 바란다. 각설하고.

과거 안철수는 자신이 쓴 책에서 선택이란 문제에 대해 한 가지

원칙을 제시했다. 그것은 선택 상황에서 과거에 집착하지 않아야 한다는 것이었다. 이 말이 참 인상적이었다. 우리 사회에서 잘 먹고 살 수 있는 기득권 의사라는 신분을 버리고 미래가 불분명한 IT 업계로 돌연 전향을 한 것을 두고 그가 한 말이었다.

안철수에게 이 선택은 일생일대의 승부수였다고 해도 무리가 아니다. 그리고 그 승부수가 지금까지는 성공한 것처럼 보인다. 하지만 그건 단지 안철수라는 특정인에게만 해당되는 말이다. 나처럼 평범한 사람이 지금 내가 가진 작은 밥그릇을 엎어 버리고 성공 보장도 없는 새로운 길을 선택하기란 쉽지 않다. 아니 거의 불가능하다. 가진 것이라곤 그 밥그릇 하나밖에 없는데 그걸 차버리고 다른 밥그릇 찾으러 나가라고 종용하는 것과 같다. 나 같은 소시민은 절대 가당치 않다. 자기계발서의 한계가 바로 이런 지점에 있다. 분명 나는 그처럼 할 수 없다. 처한 상황이나 타고난 성향이 저마다 모두 다른데 어떻게 자기계발서의 저자가 했던 방식대로 나도 똑같이 할 수 있단 말인가.

안철수의 그 말은 인상 깊었지만 좀 더 실천적 언어로 바꿔 보고자 한다. 아마 이 정도 되지 않을까 싶다.

'진로 선택에 최선이란 없다.'

미래에 무슨 일이 일어날지 모르기 때문에 이 말은 더 신빙성이 있다. 지금 전도유망한 진로를 선택했다고 하더라도 개인의 역량이나 흥미, 하물며 운이라도 맞지 않으면 성공을 보장할 수 없다.

의사, 변호사가 마냥 좋아 보이는가. 요즘은 의사나 변호사들이 넘쳐 난다. 과거 기성세대로부터 그 길이 최선이라고 믿었던 사람들이 너도나도 의사, 변호사가 되기 위해 부나방처럼 그 방향으로 뛰어들었기 때문이리라. 그 여파 때문인지 요즘엔 건물 임대료조차 내지 못하는 개업 의사나 변호사도 많다. 특히 의사는 적성이 맞지 않고 생명 존중에 대한 특별한 사명감이 없다면 당사자에게 정말 힘들고 괴로운 직업이다. 검붉은 사람 피를 보는 것을 좋아할 사람이 누가 있을까.

변호사도 마찬가지다. 인력 공급 초과로 일감이 없어진 변호사들은 법무사가 해야 할 영역을 침범하기도 한다. 지금의 최선이 훗날 내 발목을 잡을 수도 있는 세상이 되었다. 선거철에 우리는 흔히 말한다. 선거는 최선을 뽑는 것이 아니라 최악은 배제하고 그나마 좀 덜 나쁜 차악을 뽑는 것이라고. 최선의 후보라고 생각하고 우리가 표를 주더라도 훗날 그 선택이 잘못된 것이라는 것을 우리는 경험적으로 안다.

우리는 그런 경우를 이미 많이 겪어 왔다. 개인의 진로 선택도 마찬가지다. 이것저것 저울에 달아 보고 누구나 최선의 길을 찾으려 한다. 하지만 위에서 언급한 유통 회사 부서장의 사례에서 보듯이 그 당시 최선이라고 믿었던 선택이 결과적으로 최선이 아닌 경우를 많이 봐왔다. 선택의 상황에서 누구나 계산기를 두드려보지만 인간이 알파고가 아닌 이상, 또는 선택하지 않은 것에 대한 기회비용이 존재하는 한 인간이 한 선택은 언제나 합리적일 수는 없다.

이럴 때 현명한 방법은 그저 자기 마음에게 물어보는 것이다. 가장 끌리는 것이 뭔지 자신에게 물어보라. 타인의 시선 의식하지 말자. 안철수가 말했듯이 과거 경험이나 경력에 기준을 삼지 말자. 내가 좋으면 그만이다. 진로 설정의 가장 큰 덕목은 직장을 가지는 것이 아니라 평생 직업을 가지는 것이다. 대기업에 입사한들 거기서 얼마나 버틸 수 있다고 생각하는가. 대기업에서의 경력이 자신의 실제 능력을 얼마나 대변해 주는지 고민해 봐야 한다. 회사 간판을 떼고 밖으로 나왔을 때 나의 능력—이것을 누군가 나력(裸力)이라고 표현했는데—즉, 나의 나력은 어디까지인지 생각해 보자.

대기업 팀장으로 앉아 있을 때는 전화도 많이 오고 만나자는 사람도 많았다. 명절 때는 여러 개의 선물 상자도 받을 수 있었다. 하지만 퇴사하면 그만이다. 나의 브랜드 가치나 능력 또는 영향력은 절반 이하로 줄어든다. 특정 소수를 제외하고 직장 내에서 우리 수명은 길게 잡아도 기껏 사십 대 초중반까지다. 설령 그 이후까지 직장에서 버틸 수 있다 하더라도 직장 내에서 비굴하게 생활해야 한다.

사십 대에 직장을 그만두면 그 이후는 수입 크레바스(crevasse)를 맞이해야 한다. 백 살까지 살아야 하는데 그래도 최소한 육십 살까지라도 직업인으로 살아남아야 하지 않을까. 육십은 이제 노인도 아니다. 나이 많은 베테랑이 젊은 사람 밥그릇 뺏어 간다고 말하지 말자. 나이 지긋한 시니어들이 해야 할 일이 따로 있고 또 그들이 하는 일이 젊은이가 하는 일과 구분할 수 있는 질적인 측면도 있다. 다 각자의 영역이 있는 것이다.

결국 진로 문제는 직장이 아닌 직업과 연관된다. 누구나 나이 육십 너머까지 할 수 있는 직업을 가지려면 여러 번 전직을 해야 할 상황을 맞이하게 된다. 전직을 하는 과정은 정신적 고통과 스트레스를 수반한다. 내가 그래도 여러 직원을 이끄는 이름난 회사 부서장이었는데 지금 와서 이 월급에 이런 대우 받으면서 일해야 한다고 생각하면 서글프다. 이직 아닌 전직의 과정을 더 멀리 가기 위한 준비 기간으로 받아들인다면 좋겠지만 그렇게 마음먹기가 쉽지 않다. 그래서 먹고사는 일이란 누구에게나 힘들다.

앞서 인간은 비합리적 동물이라 이야기했다. 현재 나를 힘들게 하는 직장상사를 대하면서 먼 미래의 내 모습을 그려 보자. 나는 저렇게 살지 말아야지 저 위치에 오르기 전에 창업해서 성공해야지 등을 상상한다. 하지만 그것을 위해 지금 뭘 어떻게 해야 하는지 그 누구도 모른다. 기껏 저축을 좀 해 놓거나 평소에 영어 공부나 좀 하는 것 또는 회사 그만두고 대학원이나 MBA 과정 같은 것을 수료할 생각 정도다. 학위를 따기 위해 회사를 그만둔다는 사람치고 훗날 잘된 사람은 못 봤다. 진정 학업에 뜻이 있어서 그런 건지 아니면 현실 도피가 아닌지 스스로에게 잘 물어보고 판단하길 권한다.

인생살이에 정답은 없다. 어차피 정답이 없는데 밝은 미래를 준비한다며 지키지도 못할 세부 계획을 세우고 실천하는 것만큼 무의미한 일이 없다. 인생이란 애초에 내가 세웠던 계획대로 되지 않는다. 거대한 계획을 세우는 것보다 지금 당장 담배를 끊는 것 또는 아침에 한 시간 일찍 일어나는 것들이 더 중요하다.

하루하루 최선을 다하면 그것이 모여 나의 인생이 된다. 진로 선택에 있어서 나만은 합리적 선택을 할 수 있다고 자신하지 말기를 바란다. 기껏 내가 할 수 있는 합리적 선택은 앞서 이야기했듯이 손해를 좀 덜 보는 선택일 것이 분명하다. 손해를 덜 보는 선택의 관점은 내가 아닌 타인의 관점에서 대부분 시작한다. 지금의 내 선택이 타인의 욕망을 욕망하는 것인지 진정 나의 욕망에 따르는 것인지 분명히 구분해야 한다. 인생은 무지 길다. 조급하게 생각하지 말고 마음의 여유를 가져 보자. 타인의 시선에서 벗어나기 위해 그리고 최선이라는 강박에서 벗어나기 위해 우선 SNS 공간에서 초탈하는 것이 하나의 방법일까. 이래저래 인생살이란 누구에게나 참 힘들다.

선택에 책임지는 삶은 아름답다

머니볼(Money Ball)

선택이란 글감을 두고서 '빵(Bread)형'이라 불리는 브래드 피트(Brad Pitt) 주연의 〈머니볼〉이라는 영화가 생각났다. 미국 메이저리그가 영화의 소재다. 영화는 야구계에서 누구도 시도하지 않았던 운영 방식을 준용한 한 팀의 이야기로 시작한다. 그 운영 방식이란 바로 철저하게 통계와 수치에 근거한 선수 선발 방식이었다. 팀 성적에 결정적 변수인 선수 선발에 있어서 스카우터나 코치, 감독, 단장의 주관적 판단을 아예 배제한 방식이었다. 영화는 그렇게 선수를 선발하여 팀을 운영했던 것에 대한 선수 선택 과정과 그 결과를 극적으로 보여준다.

프로야구계 내부에서는 구단 관계자 누구라도 하기 힘든 선택의 상황이 많다. 선수 트레이드나 감독의 용병술은 모두 선택의 문제다. 감독이나 구단 프런트는 팀이 패할 때마다 팬들로부터 욕을 듣기 일쑤다. 무릇 야구란 수십 명의 사람이 모여 하는 경기다. 야구에 수많은 통계 수치가 범람하지만 숫자와 통계만으로는 말할 수 없는 경험적이고 주관적인 변수가 많다.

팀 단장 역할로 나오는 브래트 피트는 그간 야구계의 관행을 벗어나 위험을 감수하고 그 누구도 하지 않았던 숫자와 통계에 근거하여 선수를 선발한다. 그에겐 몸값 높은 선수를 살 돈이 없어 어쩔 수 없이 한 궁여지책이었다. 하지만 '궁

즉통(窮則通)'이라고 했던가. 그 선택은 실패를 거듭하다가 시즌 중반을 넘어서 서서히 아귀가 맞아 들어가기 시작했다. 급기야 그는 시즌 중 팀을 이십 연승으로 이끈다. 시즌 전 전문가들로부터 하위권을 맴돌 것이라는 예상을 깨고 그의 팀은 포스트 시즌에도 진출한다. 여러 굴곡은 있었지만 결론적으로 단장 브레드 피트의 선택은 대성공이었다.

이 영화는 허구가 아닌 사실에 바탕을 두고 만들어졌기 때문에 나는 이 영화에 더 많이 몰입하고 공감할 수 있었다. 야구하는 장면은 배우들이 연출한 것이 아니라 실제 경기 장면을 편집하여 다큐멘터리처럼 보여 주었다. 실제로 있었던 사실과 영화적 허구가 적절하게 어우러진 멋진 영화였다. 야구를 소재로 한 영화의 스토리 라인은 대체로 뻔하다. 주로 꼴찌 팀들의 엉터리 선수들이 어떤 과정이나 계기를 통해 극적으로 팀워크를 이루고 곡절 끝에 우승을 한다는 내용이 많다. 그 옛날 찰리 쉰이 나왔던 〈메이저리거〉나 언젠가 EBS에서 방영했던 일본 애니메이션 〈메이저〉가 그런 영화의 전형이다.

영화 속 몇 가지 선택 상황

이 영화는 아무 생각 없이 봐도 멋있다. 영화를 두 번째 볼 때 나는 관점을 조금 달리했다. 실존 인물인 빌리 빈(Billy Bean) 단장 역의 브래드 피트가 자신에게 불리한 상황 속에서 선택을 하는 과정에 집중했다. 선택은 곧 인생과 맞물린다. 그의 첫 번째 선택은 지극히 개인적이었다. '야구 유망주로서 우선 대학 진학을 할 것인가' 아니면 '프로 진출을 해서 많은 돈을 먼저 탐할 것인가'였다.

인생 전반을 보면 대학을 선택해야 했지만 야구 유망주에게 프로 구단에서 제시하는 거액의 연봉은 뿌리치기 힘든 유혹이었다. 빌리 빈은 결국 돈을 선택하지만 프로 진출 후 그는 적응 문제로 실패한 선수로 남는다. 결과를 따질 일은 아니다. 실패할 것을 알고 선택할 사람이 누가 있겠는가. 선택에 대한 결과는 본인 스스로 감당할 수 있으면 된다. 그는 야구 선수로서는 실패했지만 잘 딛고 일어서 팀 단장으로서 재기한다.

빌리 빈은 단장으로서 최적의 팀을 꾸려야 하는 상황에서 갈등에 놓인다. 선수를 살 돈이 없어 궁여지책으로 저평가된 선수만 선발을 한다. 그것만으로 부족하여 방법을 찾던 중 그는 세이버매트릭스(Sabermetrics)를 알게 되고 그것에 근거해 팀을 운영한다.

세이버매트릭스란 야구를 통계학적 또는 수학적으로 분석하는 방법론이다. 수십 년간 야구계에서는 관행처럼 여겨진 선수 선발의 경험적 법칙 같은 것이 존재했다. 세이버매트릭스는 그 기존의 방식과 반대 방향에 있었다. 세이버매트릭스는 연봉 액수나 그 선수의 이름값 또는 여러 전력 분석 요원들이 경험적으로 알고 있는 그 선수의 실력이나 가치보다 출루율이나 연봉 대비 효율성 같은 통계 수치를 중용했다. 선수를 선발하고 기용하는데 세이버매트릭스에 근거한 이런 방법은 야구계에서 아주 생소했다.

세이버매트릭스를 차용하는 것은 당시로선 일종의 모험적 선택이었다. 물론 잘될 리가 없었다. 빌리 빈이 운영하는 팀은 시즌 초반부터 연패에 빠졌고 팬들의 비난을 감내해야 했다. 단장은 선택의 여지가 없었다. 주변의 비난을 무릅쓰고서라도 성공할 수 있다는 확신을 가지고 세이버매트릭스를 밀어붙일 수밖에 없는 상황이었다. 여기서부터 영화처럼 극적인 반전이 서서히 일어났다. 그동안 저평가된 선수들이 그간의 서러움을 딛고 악전고투한다. 팀은 시즌 초반에 힘든 시간을 겪었지만 시간이 흐르면서 선수들은 점차 반전의 분위기를 만들었다. 오히려 전화위복이 되어 일이 잘 풀렸다.

팀은 시즌 중 이십 연승을 거두었다. 비록 우승은 못했지만 포스트 시즌 월드

시리즈에도 진출했다. 이만하면 대성공이었다. 이 성공 신화에 힘입어 빌리 빈은 다음 시즌에 명문 구단인 보스턴 레드삭스 단장으로 거액의 스카우트 제의를 받는다.

빌리 빈은 그 제의를 받아들일지 말지 새로운 선택 상황을 맞이한다. 당연히 '땡큐' 하며 받아야 할 상황이지만 선택을 주저한다. 본인이 과거 선수로서 유망주였던 청년 시절에 진학 대신 돈을 좇아 프로를 선택 후 실패했던 경험이 그의 선택을 방해한다.

안철수가 말했듯 중대한 선택의 기로에서 과거에 연연하지 말았어야 했다. 하지만 그는 과거 자신의 선택 실수 트라우마에서 벗어나지 못한다. 자신이 진정하고 싶은 것에 대한 욕망과 돈 사이에서 갈등한다. 어떤 선택이 옳았는지 지금은 누구도 감히 쉽게 말할 수 없다.

선택의 기준_ 타인의 시선이 아닌 자신의 시선

주목할 것은 그의 선택에는 자기만의 기준이 있었다는 것이다. 그 기준이 처음부터 확고하게 있었던 건 물론 아니다. 눈에 보이는 객관적인 것도 선택의 기준이 되지만 그 이면에 깔리는 것은 살면서 시행착오를 거쳐 체득한 날것 그대로의 직관이다.

단순히 알고 있는 것은 지식이고 그 지식들을 한곳에 모아 내 선택의 기준이나 가치관으로 삼을 수 있다면 그것이 곧 지혜다. 대다수의 청년층이 지식은 많으나 아직 많지 않은 경험과 시행착오에서 우러나오는 지혜가 부족하여 선택 상황에서 애로를 겪는다. 그렇기 때문에 선택의 상황은 언제나 괴롭다.

어떤 선택을 하든 선택하지 않은 것에 대한 기회비용이 든다. 물론 그에 대한 책임은 모두 나의 몫이다. 예를 들면 결혼해 보니 주변에 더 멋진 여자가 눈에 들어오기 시작한다. 나와 같은 대학, 같은 과를 졸업했지만 내 친구 누구는 이미 사회에서 나보다 훨씬 더 멀리 나가 있다. 타인의 시선을 벗어나서 내가 만족하고 성취감과 행복감을 느낄 수 있다면 그것이 곧 제대로 된 선택이고 또 성공의 기준인 것이다.

다시 영화 속 한 장면으로 돌아가 본다. 한 선수가 홈런을 쳤다. 홈런을 쳐 본 경험이 없었는지 그는 자신이 친 공이 담장을 넘어간 줄도 모른다. 그는 타구를 날린 후 2루까지 가기 위해 전력 질주를 한다. 하지만 전력 질주 과정에서 1루를 돌다 넘어진다. 넘어진 것 때문에 어차피 2루까지 못 갈 것을 우려하여 그는 허겁지겁 1루로 돌아간다. 삶은 그런 것이다. 내가 선택해 온 삶이 성공한 것이지도 모른 채 그냥 그렇게 흘러간다. 삶은 길다. 중간에 성공과 실패를 누구도 논할 수 없다. 인생은 그런 것이라고 비유적으로 보여 주는 장면이었다. 이 책을 읽고 있는 당신은 이미 성공적 삶을 살고 있다. 1루에 머물지 말고 홈베이스를 향해 질주하길 바란다.

영화에서 빌리 빈의 어린 딸은 기타를 치며 노래를 부른다. 귀에 익은 멜로디다. 딸은 기타를 팅기며 "삶은 미로니까 그저 인생을 즐겨라"라고 읊조린다. 선택에 최선을 다하고 결과를 즐기면 된다고 노래하고 있다.

'야구는 인생의 축소판이다'라는 말이 여기서 나온 것 같다. 야구는 우리 인생과 너무 닮아 있다. 뻔한 야구 영화지만 이 영화는 우리 인생 진로를 설정하고 선택하는 데 다시 한 번 보게 하는 힘이 있다. 이 영화를 한 줄로 표현한다면 이렇게 말하고 싶다.

'선택에 책임지는 삶은 아름답다.'

Part 2

힘든 취직,
그보다 더 힘든
직장생활

05

일단
취직하는 방법

"It's not your fault."
이 시대 청년층이 취직을 못하는 건 절대 당신 잘못이
아니다.

 아주 자극적인 제목이다. '취직하는 방법'. 이런 선정적인 제목에 낚였다고 생각하지 말고 이 장을 끝까지 읽어 보고 판단하길 바란다. 이야기를 하기 전에 이 시대를 살아가는 모든 청년에게 이 말을 해 주고 싶다.

 영화 〈굿 윌 헌팅(Good Will Hunting)〉에 나왔던 명대사 중 하나다. "It's not your fault." 당신 잘못이 아니라는 뜻이다.

 어설픈 위로가 아님을 알아주기 바란다. 이 영화 이야기는 뒤에서 좀 더 하기로 하자. 절대 그냥 넘어갈 수 있는 영화가 아니다. 혹시 적기에 아직 취직을 못해 자책하고 있는 청년이 있다면 마음을 고쳐먹고 다시 한 번 심기일전하기 바란다. 다시 말하지만 이 시대 청년층이 취직을 못하는 건 절대 당신 잘못이 아니다.

 지금 어느 기업체라도 신입 사원으로 취업하려면 대단한 사전 준비가 필요하다. 각 기업체에서는 기본적인 학벌 학력 외에도 영어 점수니 인턴 경험이니 사회 봉사활동 경험이니 남들과 차별화할 수 있는 것들을 요구한다. 이런 것들을 우리는 '스펙(specification)'이라 부른다. 지금은 그 스펙에 자신만의 '스토리(story)'까지 입혀야 한다. 왜 그런 경험을 했는지 또는 그런 경험이 입사 후 회사를 위해 어떻게 기여할 수 있는지에 대한 자세한 설명까지 우리에게 요구한다. 스펙과 스토리를 기반으로 한 채용 방식이 사교육을 불러일으키거나 금수저 흙수저 논란을 가중시키자 이런저런 배경을 따지지 않는 블라인드 면접 방식을 채용하는 기업도 늘고 있다.

어쨌든 최근 채용 방식의 근본은 실력 있는 신입 사원을 뽑겠다는 것이다. 자리는 한정되어 있고 응시자는 많으니 뽑으려는 기업 입장에서 개인 간 변별력을 고려하여 그럴 수밖에 없다고 생각할 수도 있다. 기업 입장에서도 채용이 힘든 점을 충분히 이해한다. 하지만 조금 생각을 달리해 보면 이런 기업 논리가 꼭 옳은 것만은 아님을 알 수 있다.

기업은 기본적으로 영리를 목적으로 사업을 운영하고 그에 맞는 최적의 자원을 활용한다. 최소 자원으로 최대 효과를 보려는 건 어느 기업이나 마찬가지다. 기업이 이 나라에서 돈 벌고자 자신의 돈을 투자하여 리스크를 감내하며 사업하는데 신입 사원을 채용이라도 해 주면 청년층 입장에서 감지덕지라고 생각할 수 있다. 이건 기업의 사회적 책임을 간과한 잘못된 인식이다. 기업은 우선 최종 소비자가 누구인지 인식해야 한다. 또한 지속 가능한 사업 운영을 위해 기업은 국민이 납부한 세금으로 다져진 사회 간접자본을 활용한다.

또한 정권으로부터 법인세 인하를 비롯한 각종 세제 혜택을 받아왔다. 기업들이 덜 낸 세금은 고스란히 최종 소비자인 국민의 주머니를 털어 충당해 왔다. 주민세 같은 직접세도 올랐지만 담뱃값처럼 조세 저항이 비교적 적은 간접세도 부지불식간에 많이 올랐다. 경기 침체가 지속되자 정부는 기업의 사회적 책임 이행을 종용하며 사내 유보금을 인력 채용이나 연구 개발 등에 투자를 촉구했다. 하지만 마땅한 투자처를 찾지 못한 기업들은 국민이 낸 세금을 갉아먹으며 번 돈을 다시 시장으로 풀어놓지 않고 있다. 이건 투자 기피의 문제가 아니다. '기업의 탐욕'이나 '사회적 책임 외면'이란 표현이 훨씬 더 적확하다.

대부분의 기업은 경영진이 경영을 잘해서 돈을 번 것이 전부는 아니다. 우리나라의 오래된 정경유착 악습이 기업들 배를 불리고 있다. 또한 기업들은 막강한 자본력을 바탕으로 손쉽게 약자의 몫을 빼앗는다. 불법은 아니지만 정의롭지 못하다. 그런 정의롭지 못한 경영 방식을 그대로 답습한다면 기업은 여기서 최소한의 사회적 책임을 엄중히 받아들여야 한다. 그것은 바로 청년층 채용과 그들의 교육 훈련에 대한 전적인 책임이다.

대부분의 기업은 경력직을 선호한다. 당장 써먹을 수 있기 때문이다. 하지만 경력직이란 반드시 신입을 거쳐야 한다. 신입 사원을 선발하고 잘 교육시켜서 인력 시장 선순환의 고리를 만드는 것은 분명 기업의 몫이다. 신입 사원을 경력 사원으로 만들어 낼 책임이 정부에게 있는 건 절대 아니다. 경력 인력을 쓰는 건 기업인데 신입 사원을 능력 있는 경력직으로 만드는 데 드는 비용을 국가가 부담하는 것은 공정하지 않다. 그렇다고 이 비용이 청년층 개인의 몫이 되어서도 안 된다.

요즘 채용 동향을 살펴 보자. 과거와 다른 가장 큰 차이점은 역시 채용 비용 문제다. 기업은 채용 시장에서 바로 현장에 투입할 수 있는 이른바 '경력 직원 같은 신입 사원'을 주로 찾는다. 신입 사원이라도 어디선가 자비로 경험과 경력을 쌓아 바로 현장에 투입할 수 있는 준비가 되어서 오라고 그들에게 암묵적으로 강요한다. 기업은 신입 사원을 교육시킬 비용 지출을 극도로 꺼린다. 과거 정권 때부터 기업들 살려야 한다며 온갖 친기업 정책의 열매를 따먹어 온 기업들이 이제 배가 부르니 생각이 달라진 것이다.

청년층 취업이 힘들면 당연히 소비가 줄어든다. 취업을 못하면 당연히 결혼도 기피하니 장래 인구 감소도 예정된 수순이다. 가계 소비 진작 ⇨ 기업 투자 확대 ⇨ 국가 경제 성장이라는 선순환의 공식이 시작 지점부터 깨지고 있는 것이다. 경기가 회복하여 경제 성장을 이루는 가장 기본 출발점은 소비에서 시작한다. 경제학자가 아닌 나 같은 보통 사람에게도 이 정도는 상식이다. 소비가 늘어나려면 부자가 더 부자가 되는 것보다 일반 서민들의 가처분 소득이 늘어나는 것이 훨씬 더 유리하다. 결국 경제 성장의 궁극적 목표 달성을 위해 소비 진작은 반드시 필요하고 그것은 고스란히 기업 투자에서 비롯한다.

물건이 안 팔려서 기업이 채용과 투자를 못한다고 하는 그들의 변명은 거짓이다. 풀리지 않는 큰 문제가 있을 때 대승적 결정이 필요하고 그 결정은 언제나 기득권 강자들이 먼저 해야 한다. 가진 자들이 먼저 대승적 결정을 해야 하고 그 결정의 결과가 바닥에 도달해야 비로소 방바닥이 서서히 데워진다.

지금 취직을 못해 힘들어 하는 청년층이 있다면 다시 한 번 말하지만 분명 그것은 본인 책임이 아니다. 힘들어도 끝까지 포기하지 말고 우선 본류에 진입할 수 있도록 열심히 노를 젓기를 바랄 뿐이다.

자기 소개서 잘 쓰는 법

취직을 위한 실천적 이야기를 해 보자. 첫 관문이 이력서와 자기 소개서를 쓰는 일이다. 물론 진정한 첫 관문은 대학 입학에서부터 시작한다. 성인이 된 후 어떤 경험과 경력을 통해 어떤 가치관을 가지고 능력을 갖추었는지부터가 취업의 시작이다. 하지만 뭔가 내세울 것이 없다고 해서 미리 기죽을 건 없다. 과거 큰 성과를 이루었든 못 이루었든 성패는 결국 나를 포장하는 표현력에서 갈리게 마련이다. 신입 사원 채용 시장에서는 내용물이 작아도 포장을 잘하는 것이 그 반대의 경우보다 훨씬 더 중요할 수 있다.

이력서와 자기 소개서를 잘 쓰는 것은 쉽지 않다. 나를 잘 보이게 나 스스로 포장하는 것에 누구든 익숙하지 않기 때문이다. 겸양과 절제를 미덕으로 하는 유교 문화의 유전자가 우리나라 국민이라면 누구에게나 이식되어 있기 때문이리라. 자신이 남들보다 잘났다고 자기 스스로 자찬하는 것은 누구에게나 적잖이 닭살 돋고 힘든 일이다. '이만하면 되겠지'라며 적정한 선에서 스스로와 타협하곤 한다.

또한 응시 후 서류 전형에 탈락해도 왜 탈락했는지 기업은 탈락자에게 피드백을 주지 않는다. 응시자 입장에서는 시험을 앞두고 시험 공부를 하면서 이른바 답지 없는 문제지만 풀어 보는 형국이다. 정답을 확인하지 못해 틀린 답을 반복하니 당연히 발전도 더디다.

지금부터 자기 소개서 쓰기의 모범 답안을 알려 주고자 한다. 청년층들이 이력서보다 자기 소개서 쓰는 것을 훨씬 더 어려워하기 때문에 이력서는 건너뛰고 자기 소개서 작성법만 언급하기로 한다. 모범 답안이라기보다 정석이란 단어가 더 적절할 것 같다.

장기를 잘 두려면 초반 열 수 정도가 제일 중요하다고 고수들은 말한다. 장기는 시작부터 단 몇 수 만에 포석이 정해지고 앞으로 나갈 기본기가 다져진다. 자기 소개서도 장기처럼 기본 포석을 잘 깔아 두고 그 위에 자신만의 색깔을 입히면 된다. 여기에 정석이 분명 존재한다. 정석을 무시한 파격은 이미 내공이 단단한 고수들의 영역이다. 자기 소개서 작성도 우선 기본기나 정석을 무시하지 말기를 권한다.

자기 소개서에서 가장 중요한 부분은 누가 뭐래도 지원 동기와 입사 후 포부다. 여기서 글 쓰는 관점을 잘 살펴야 한다. 지원 동기는 자기 중심이 아닌 회사 중심, 입사 후 포부는 직무 중심이 되어야 한다. 회사 중심이 아닌 자기 중심 지원 동기의 나쁜 예는 가령 이런 경우다.

저는 어렸을 때부터 귀사의 제품을 애용하고 있으며 귀사와 함께 발전할 각오가 되어 있습니다. 회사의 성장이 곧 개인의 성장이라는 점을 높이 받들어 귀사 성장에 조금이라도 도움이 될 수 있는 인재가 될 수 있을 것 같아 귀사에 지원하게 되었습니다.

주로 이런 부류의 자기 위주 서술이다. 면접관이 보고 싶은 것은 개인의 각오 같은 것이 아니다. 그 많은 지원자의 개인적 지원동기에 관심을 가질 면접관은 극히 드물다. 먹고사는 방법이 아주 다양해서 회사에 취업하는 것이 청년층 진로 선택지 중 아주 밑바닥에 있다면 또 모를까 개인적 지원 동기의 속내는 대체적으로 뻔하다. 그 많은 회사 중 왜 여기여야만 하는지 그 특별함에 면접관은 더 주의를 기울이게 마련이다. 그런 관점으로 지원 동기를 이렇게 회사 중심 관점으로 한 번 고쳐 써 보면 어떨까.

저는 고교 시절 우연히 귀사의 제품을 사용하게 될 기회가 있었습니다. 귀사의 제품을 사용하면서 이전엔 경험해 보지 못한 (이러이러한) 경험을 했습니다. 그 소중한 경험이 인연이 되어 대학에서 전공도 그 방향으로 선택하게 되었습니다. 제가 겪었던 그 소중한 경험을 좀 더 많은 사람에게 나누어 주고 싶습니다. 특히 귀사 제품 중 'NS208'이란 제품은 (이러이러한 면에서) 정말 특별한 제품인 것 같습니다. 이 제품을 다른 사람에게 꼭 써 보게 해서 저의 경험을 공유하고 싶습니다. 이 제품을 써 본 사람들 역시 저와 비슷한 체험을 할 수 있고 그 체험이 입소문을 타서 제가 더 많은 제품을 판매하고 더 개량된 신제품 개발에도 기여할 수 있을 것 같습니다. (중략)

이런 정도의 흐름이 면접관을 미소 짓게 할 회사 중심 기술 방식이다. 회사의 특정한 제품을 언급하는 것도 회사에 대한 지원자의 관심도를 보여 주는 것으로 보일 수 있어 좋다. 지원하는 회사에 대한 작은 인연이라도 있는 지원자에게 면접관이 더 관심을 보이는 건 당연하다. 자기 소개서에 쓰는 지원 동기는 지원하는 회사와 손톱만 한 인연이라도 위처럼 사례를 들어 잘 포장하는 것이 중요하다.

다음은 입사 후 포부를 쓰는 법이다. 나쁜 예시는 역시 자기 위주 서술이다. 이를테면 이런 경우다.

저는 입사 후 1년 안에 제 업무를 마스터하겠습니다. 이후 2년 내 사내에서 마케팅 업무를 제일 잘하는 사람으로 인정받겠습니다. 이런 기본적 업무 능력을 배양하여 최단 기간 내 팀장으로 임명받아 자타 공히 최우수 팀으로 실적을 만들어 회사에 좋은 본보기를 남기겠습니다. (중략)

이런 서술은 초보 티를 아직 벗어나지 못한 경우다. 왜 굳이 업무 마스터하는 데 1년이 걸릴까. 3개월 안에는 업무 정복이 힘든 것일까. 입사 후 2년 내 본인이 마케팅 부서가 아닌 타 부서로 발령 난다면 본인의 입사 후 포부는 공수표가 되는 것일까. 면접관은 이런 의문을 품을 수 있다. 입사 후 포부는 앞서 언급했듯이 자기 본위가 아니라 구체적인 직무 중심으로 기술해야 한다. 예를 들면 이렇다.

입사 후 우선 빠른 업무 적응을 위해 내 주변 모든 자원을 효율적으로 활용하는 방법에 대해 고민하고 실행하고자 합니다. 데이터를 분석하고 정리하는 엑셀 프로그램 공부에 몰입하여 사내 평균 수준 이상의 실력을 갖추어 데이터가 가진 속 깊은 의미를 찾아 정책을 만들겠습니다. 나의 생각을 표현하는 수단인 파워포인트 프로그램도 동영상 강의와 여러 선배님들의 자료를 면밀히 검토하고 분석하여 장점을 최대한 내 것으로 만들어 글자와 숫자로 나의 뜻을 표현하는 데 무리가 없도록 최대한 노력하겠습니다. 이후 회사 내 타 부서와 제가 지원하는 부서 간 업무 연결이 어떻게 되는지 각 부서 선임사원의 멘토링을 통해 우리 팀과 타 팀 업무가 어떻게 연관되고 조직되는지에 대한 프로세스를 최대한 빠른 시일 안에 익힐 것입니다. (중략)

이 정도면 무난하다. 입사 후 포부는 언제 팀장이 되고 언제 부장이 되어 회사에 뼈를 묻을 것인가를 쓰는 것이 결코 아님을 숙

지하기 바란다.

힘든 취업, 우회로를 탐방해 보자

취업이 힘든 이유 중 하나가 바로 정보 부족 때문이다. 이를 '마찰적 실업'이라고도 칭한다. 누구나 알만한 대기업이나 선호 기업에 입사만 꿈꾸다 보면 자연히 해당 기업 입사 경쟁률은 바늘구멍이 된다. 누구나 선망하는 기업에 단번에 입사를 꾀하기보다 다른 중소기업이나 중견 기업에서 경험을 쌓아 이직을 하는 업그레이드 이직을 생각해 보는 것도 필요하다. 우선 자신 스스로 취업 정보를 얻는 경로나 방법을 생각해 보자. 생각보다 자신이 활용하는 취업 정보 창구가 다양하지 않음을 알 수 있을 것이다. 기껏 잘 알려진 취업 포털 사이트 몇 군데 정보에 의존하는 사람도 많을 것 같다. 하지만 정기적 공채 정보 외 고급 정보는 우리 모두가 볼 수 있는 인터넷 공간에 떠돌아다니지 않는다. 좋은 회사의 채용 포지션일수록 그 구직 정보는 공개된 인터넷 공간보다 헤드헌팅 업체 같은 채용 전문 업체나 믿을 만한 사람의 추천을 통해서 유통된다. 신입으로서 이런 고급 정보의 진입 장벽을 뚫기는 힘들다.

모두에게 오픈된 주요 기업들 정기 공채에 모두 낙방하였다면 우회로를 한 번 탐방해 보자. 물론 시작은 힘들다. 하지만 한참 뒤로 가서 자신의 전반적인 직장생활을 반추해 본다면 우회로 진입은 그리 손해 보는 장사는 아니다.

'중견 기업 연합회', '중소기업 현황 정보 시스템' 같은 곳을 검색 해 보자. 또는 네이버 카페 '히든 챔피언'처럼 알짜 기업을 소개해 주는 각종 카페를 골라 가입하여 주기적인 정보를 습득하는 노력이 필요하다. 공공 기업 채용 정보는 '잡알리오'란 사이트가 유용하다. 외국계 기업을 노린다면 '피플 앤 잡'도 있다. 중소·중견 기업이라 회사에 대한 정보가 생소하다면 '금융감독원 전자공지시스템(DART)'에 접속해서 기업 명을 치면 대략적 기업 정보를 손쉽게 열람해 볼 수 있다.

인간의 습성이란 믿을 것이 못된다. 도전적이거나 새로운 자극보다 항상 편하고 익숙한 쪽으로만 관심이 쏠린다. 처음에 좀 익숙하지 않더라도 위에 열거한 사이트를 즐겨찾기에 등재하거나 알람 설정을 해 놓고 눈과 귀를 항상 열어두는 성의는 필요하다. 잘 알려진 큰 회사에서 근무해 보는 것도 중요하다.

하지만 향후 개인의 능력은 어느 학교, 회사 출신이냐가 아니라 그 조직에서 어떤 업무를 했느냐 하는 직무 중심 위주로 평가될 것이 자명하다. 그런 연유로 대기업 소모품으로 시간을 보내기보다 내 역량에 의해 회사의 발전 방향성이 정해질 수 있는 영향력 있는 직무를 중소 중견 기업에서 경험해 보는 것도 좋다. 이런 방법도 진로 설정 차선책으로 나쁘지 않은 선택이다.

한정된 일자리에 서로 앉으려 조바심 내지 말고 출발은 좀 더디더라도 인생 전반적 진로를 고려하며 좀 더 멀리 보는 여유를 가졌으면 한다. 어차피 직장은 인생살이의 수단이자 거쳐 가는 곳이다. 한 직장에서 뼈를 묻는 것도 이제 자랑이 아닌 시대가 되었음을 상기하자.

06

첫사랑과 같은
첫 직장

첫사랑과 첫 직장의 공통점은 무엇일까

내가 생각하는 대체적인 정답은 '결국 내 것이 아니라는 것'이다. 이런 이유로 인생 진로 문제에 있어서는 직장보다 직업을 갖는 것이 정석이자 정답이다. 하지만 처음부터 직업을 갖는 것은 가업을 이어받는 것 외에는 현실적으로 힘들다. 내가 하고 싶다고 원하는 직업을 쉽게 가질 수는 없다. 그 중간에 그 누구도 풀기 힘든 하루하루 먹고사는 문제가 개입되어 있기 때문이다.

짧은 기간에 시대가 너무 많이 변했다. 어떻게 살아야 할지 적응하기 힘들 정도로 사회 변화의 속도는 빠르다. 사회 변화와 맞물려 우리 인생에서도 그에 맞게 서너 번 직업 전환의 시기가 온다고 했다. 직장이야 수도 없이 바뀔 수도 있다.

대기업에 다닌다고 자신의 직업을 '회사원'이라고 말하기 머쓱하다. 회사원은 조직의 구성원일 뿐이지 결코 직업이 아니다. 여기서 말하는 직업의 정의는 자립하여 먹고살 수 있는 일을 말한다. 직장은 자립이란 말과 어울리지 않는다. 직장은 언제든 나를 해고할 수 있기 때문이다. 회사원이 직업인으로 거듭나기 위해서는 많은 내공이 필요하다. 회사 내에서 내가 없으면 일이 잘 안 돌아갈 것 같은 마케팅 전문가나 재무 회계 전문가, 인사 업무 전문가 정도로 자리매김해야 비로소 직장인이 아닌 직업인으로 거듭날 수 있다. 하지만 대부분의 회사는 내가 없어도 정말 잘 돌아간다. 이런 사실을 회사도 아주 잘 알기 때문에 인사에 대한 주도권은 항상 회사 측이 쥐고 있다.

이처럼 직업인이 아닌 직장인은 그곳에서 항상 서러운 을(乙)이지만 을에게 직장은 그 서러움을 상쇄시킬 수 있을 만큼 여러 가지 혜택을 준다. 그것은 소속감과 월급이다. 그뿐만 아니다. 직장과 일이 있어 개인의 휴식이나 여가도 더 의미가 있게 되고 돈 주고도 해 보지 못할 대부분의 인간관계도 경험해 볼 수 있다. 물론 졸업하자마자 혹은 학교를 중간에 때려치우고서라도 당장 창업에 뛰어들 수 있다. 독특한 아이디어와 컴퓨터 한 대만 있다면 누구든 창업을 할 수 있는 세상이다. 남들이 가지 않는 길을 가면서 더 많은 경험을 얻을 수 있고 운 좋으면 남들보다 더 일찍 경제적 안정을 꾀할 수도 있다. 하지만 우리나라의 창업 환경은 아직 신출내기 창업주에게 그리 호의적이지 않다. 우리나라는 아홉 번 실패해도 한 번의 성공으로 그간의 실패를 만회할 수 있는 그런 창업 환경이 아니다. 대체

적으로 기성세대는 성공한 젊은 창업주를 좋은 눈으로 봐주지 않는
다.

신출내기 젊은 창업주의 성공은 기성세대의 밥그릇이 걸린 문제
이기도 하고 또한 그들이 젊은 창업자에 대해 자신들의 패배를 인
정해야 하는 미묘한 문제이기도 하다. 한마디로 젊은 창업자의 성
공을 눈 뜨고 봐 주기 힘든 환경이 우리나라 업계의 현실이다.

취업도 무지 힘들지만 창업은 힘듦과 동시에 리스크까지 감내해
야 한다. 시류를 타야하는 중대한 창업 아이템이 아니라면 사회에
첫 발을 내딛을 청년들에게 창업을 하기 전 우선 직장을 한 번 다녀
보라고 조심스럽게 권유해 본다.

설령 자신의 성정이 취업보다 창업에 적합할지라도 젊어서 직장
생활은 한 번쯤 경험해 볼 만한 가치가 충분하다고 말하고 싶다. 취
직 자체가 안 되는데 무슨 배부른 소리냐고 반문할 수 있겠다. 물론
취직하기 힘들다. 누구나 다 안다. 특히 신입 사원의 첫 직장 취직
은 더 힘들다. 첫 직장은 소중하지만 거기에 많은 의미를 두지 않았
으면 좋겠다. 앞서 언급했듯 첫사랑과 첫 직장은 애초부터 내 것이
아니었다. 그 둘은 진정 소중하지만 그것을 지키기 위해 더 중요한
것을 지키지 못하는 우를 범해서는 안 된다.

하지만 한 가지 명심할 것이 있다. 첫 직장은 첫사랑과 같다. 추후
자신의 경력 관리를 위해서라도 처음 들어간 직장은 실로 소중하
다. 하지만 대체로 첫사랑은 잘 이루어지지 못한 채 아련한 추억만
남긴다. 첫 직장도 마찬가지다. 특별한 경우가 아니라면 첫사랑과
결혼까지 성공할 확률은 많이 떨어지게 마련이다.

더 좋은 일자리를 위해 나이 들도록 취업 준비생으로 남는 것보다 비록 자기가 만족할 만한 직장이 아니더라도 무슨 일이든 우선 시작해 보는 것을 권장한다. 취업 준비생 시절 쌓았던 스펙은 취업을 한 이후 실전에서는 쓸모가 없는 경우가 대부분이다. 학교에서 배운 경영학 이론을 신입 사원이 회사에서 써먹을 일은 거의 없다. 외국 유학을 다녀왔다고 글로벌 경영 감각이 금세 생기는 것도 아니다. 토익 점수가 아무리 높아도 외국 바이어를 만나 계약을 성사시킬 정도의 의사소통이 안 된다면 입사 후에 다시 영어 회화 학원에 다녀야 할지 모른다.

인생의 공백 기간을 가지면서까지 단지 입사만을 위해 스펙을 쌓는다는 것은 조금 생각해 볼 일이다. 야구로 말하자면 취업 준비생은 연습생으로 오래 남아 있는 것과 같다. 1군 실전 경기는 연습 경기와 다르다. 실전 경기를 뛰어 본 선수와 그 경험이 없는 선수는 분명 질적으로 다르다. 실전 경기를 뛰어 본 선수라면 자신의 약점을 제대로 알 수 있다. 실력 발휘를 제대로 못해 그가 2군으로 떨어지더라도 연습생에 비해 연습의 질이나 방향이 현저히 달라진다. 실전 경험은 정말 중요한 것이다.

취업도 힘들지만 창업의 길은 더 힘들다. 창업으로 성공한다는 것은 야구계에서 메이저리거가 되는 것이나 마찬가지다. 우리나라 야구 선수가 단계를 밟지 않고 곧바로 메이저리거가 되는 경우가 얼마나 되는지 생각해 보면 경험이나 실력이 바탕이 되지 않는 창업이 얼마나 무모한 행위인지 금세 짐작할 수 있다.

사회에 첫발을 내딛는 청년들도 엄연히 프로다. 주변으로부터 아직 햇병아리라고 배려는 해 줄 수는 있지만 상황이 급해지면 그들에게 자비란 없다. 이 사회는 내가 살기 위해 남을 밟아야 하는 경우가 비일비재하다. 상부상조니 상생이니 같은 이상주의적 단어는 아쉽게도 우리나라 비지니스계에 통하지 않는다. 먹고 먹히는 아수라판에서 벗어나기 위해 직장이 아닌 직업을 가져야 하는 이유가 바로 여기에 있다.

직업을 가지기 위해 우선 직장이라는 중간 완충 단계가 필요하다. 진로의 궁극적 목표인 직업을 가지기 위해 직장은 반드시 거쳐야 할 마이너리그 제도와 같은 것이다. 조금 일찍 취업에 성공했다고 기뻐할 일도 아니고, 남들보다 조금 늦었다도 낙담할 일은 아니다. 결론은 결국 훗날 자립할 수 있는 직업을 가지고 평생 현역으로 행복한 생활을 하는 것이다.

인생은 길다. 긴 호흡으로 멀리 보자. 남들이 먼저 간다고 일희일비하지 않기를 바란다. 어느 지점에서 결국 우리는 다시 만나게 되어 있다. 우리 모두 파이팅.

우울한 이십 대라면 꼭 봐야 할 영화

족구왕

종합편성채널 tvN에서 방영했던 드라마 〈응답하라 1988〉은 꽤 볼만했다. 1988년도 시대상을 조명했던 이 드라마가 재미있었다는 건 분명 나도 나이가 들었다는 증거다. 그걸 인정해야 한다는 사실이 서글프다.

하지만 그 서글픔 속에서도 나를 웃음짓게 만든 배우가 있었다. '정봉이' 역할을 맡은 배우 안재홍이다. 이 드라마 이전에 배우 안재홍은 영화 〈족구왕〉에서 인상적인 모습을 보여 줬다. 이 드라마 속 정봉이를 보면서 문득 영화 〈족구왕〉을 다시 봐야겠다는 생각이 들었다. 하지만 〈족구왕〉은 안재홍이란 배우에만 초점을 맞추기엔 뭔가 아쉽다. 가벼운 소재와 짧은 내러티브지만 영화가 주는 울림이 아주 묵직했던 영화. 영화 〈족구왕〉에 대한 내 의견을 영화처럼 '묵직하게' 피력해 보고자 한다.

영화 족구왕의 매력 속으로

영화는 복학생 만섭이가 철책이 쳐진 담장 너머의 세상을 보는 시선으로 시작한다. 철책 너머의 세상은 단단한 기성세대의 세상이다. 금방 제대한 복학생 만섭이는 족구 광(狂)이다. 학교 체육대회에서 만섭이가 이끄는 족구 팀이 우승한다는 내용이 이 영화 스토리의 전부다. 스토리는 간단하지만 결말에 이르는 과정이 재밌다. 비디오로 언젠가 한 번쯤 본 듯한 홍콩 영화 주성치의 〈소림 축구〉를 오마주한 장면이 많이 나온다. 〈소림축구〉를 못 본 관객이라면 〈족구 왕〉이 보여 주는 황당무계한 장면에 피식 웃음이 나올지 모른다.

저예산 영화라서 그런지 한눈에 보기에도 영화 속 장면들은 어설프다. 요즘 할 리우드 영화에서 볼 수 있는 그런 화려한 장면 처리에 비하면 이 영화의 비주 얼은 너무 초라하다. 하지만 〈족구왕〉은 가격대비 성능, 속칭 '가성비' 면에서 가치 있는 영화라고 생각한다.

진부하지만 갖출 건 다 갖춘 구성

간략한 스토리를 뒤로하고 영화 속을 우선 들여다보자. 족구 예선부터 결승까 지 긴장감이 유지된다. 그 긴장감은 관객의 관심과 시선을 적정하게 유지한다. 여기에 양념처럼 남녀 주인공의 러브 라인도 형성된다. 진부하고 전형적이다. 물론 러브 라인이 형성되는 영화의 전형처럼 갈등을 고조시키는 강력한 방해 꾼(강민 역)도 어김없이 등장한다. 만섭의 팀이 곡절을 겪은 끝에 족구 결승전까 지 이르는 개연성도 충분하다. 장면 하나하나는 비록 화려하거나 세련되지 않 지만 주제를 말하고자 하는 제작진의 의도는 명확하다. 주제를 부각하기 위한 상징물로 족구를 사용했을 뿐 이 영화의 본질은 결코 족구가 아니다.

족구라는 소재에 가려져 있지만 이 영화의 주제는 명확하다. 방황하는 이십 대 에게 일침과 더불어 용기를 준다. 뚜렷한 의도가 있는 영화다. 영화에서 나왔 던 아래의 여러 대사를 통해 우리는 이 영화의 주제를 더욱 명확하게 파악할 수 있다. 주요 대사의 내용을 생각나는 대로 발췌해 본다.

"공무원 시험 공부나 해."

"족구장은 왜?"

"족구하고 싶어서요."

"으 음. 족구하는 소리하고 앉아 있네."

"학교에서 발을 떼는 순간 네 청춘이 너의 뒷통수를 칠 거다."

"이게 다 누구 탓인 줄 아세요? 책상머리에서 남 탓만 하는 바로 니네들(무능 정부?) 탓이야."

"남들이 싫어한다고 자기가 좋아하는 것을 숨기고 사는 것도 바보 같다고 생각해요."

"홍만섭, 너한텐 족구가 뭐냐?"

"재밌잖아요."

"너네 땐 즐기면 장땡이야. 실컷들 놀아. 벌벌 떨지 말구."

"근데 니 맘 꼴리는 대로 해. 나중에 후회하지 말구."

복학했으면 공무원 시험이나 준비하라고?

만섭이와 같은 기숙사를 쓰는 한 선배는 그에게 일침을 가한다. 복학했으면 공무원 시험이나 준비하라고. 학교에서 발을 떼는 순간 네 청춘이 너의 뒷통수를 때릴 것이라며 겁을 주기도 한다.

아직 제대로 활짝 피워 보지도 못한 꿈 많은 이십 대에게 이 얼마나 절망적인 말인가. 하지만 우리의 주인공 만섭이는 그런 암울한 현실 앞에서 당당하다. 족구를 혐오하는 그의 여자 친구에게 만섭이는 당당히 말한다. "남들이 싫어한다고 자기가 좋아하는 것을 숨기고 사는 것은 바보 같다"고.

남의 시선을 의식하거나 언제나 타인의 욕망을 자신의 욕망보다 더 갈구하는 이십 대라면 만섭이의 이 대사는 그들을 뜨끔하게 한다. 이 밖에도 영화는 여러 등장인물의 입을 빌어 방황하는 이십 대 청춘을 위로하고 독려한다. 대학 총장의 입을 빌어 정부의 무능한 청년 취업 대책을 비꼬기도 하고 학교 앞 고깃집 여주인의 입을 빌어 자유로운 청춘의 삶을 말하기도 한다. 무엇 하나 허투루 흘려버릴 대사는 없다.

이 영화를 빌어 음지에서 힘든 작업을 하시는 모든 분들을 응원한다. 현실은 힘들지만 결국 사필귀정이다. 잘 알려지지 않았지만 좋은 영화라면 또는 실력을 갖춘 사람이라면 언젠가 빛을 발하게 마련이다. 작은 것도 큰 것에 덮이지 않는 세상을 꿈꿔 본다. 족구왕 만섭이가 이십 대 청춘에게 준 희망의 메시지는 영화처럼 강렬했다.

드라마 〈응답하라 1988〉에서 잔뜩 주눅이 든 채 삼수생으로 살고 있는 정봉이(안재홍)가 미래로 날아와 이 영화를 보고 다시 용기를 얻었으면 좋겠다.

07

처음부터 좋은 자리는
내게 오지 않는다

좋은 자리를 잡기 위해서는 우선 앉은 자리에서 잘 버티고 눈과 귀를 쫑긋 세우며 기회를 엿봐야 한다.

　나는 바다낚시를 무지 좋아한다. 얼굴도 모르는 친할아버지는 낚시로 손수 잡으신 민물고기 회를 드시다가 디스토마에 걸려 돌아가셨다고 들었다. 피는 못 속이는 것일까. 바다에 나가 낚싯대를 펼치면 나는 기분이 좋다. 바다낚시는 내가 조금 더 길게 직장생활을 하는 데 정신적인 면에서 아주 많이 기여하였다. 직장 상사로부터 꾸지람을 들을 때마다 난 속으로 항상 이렇게 외치면서 그 순간을 버텼다.

　'김 부장아, 그래, 넌 씨부려라. 난 한 귀로 흘릴 테니. 그래도 지금 이 순간을 벗어나면 주말엔 난 남해안 갯바위에 설 수 있단다. 그 행복한 기분을 김 부장, 넌 아마 모를 걸.'

　이처럼 바다낚시는 긴긴 직장생활 동안 그야말로 나의 정신적 멘토였다. 음주가무 따위와 비교할 수조차 없는 나만의 충전 방식이 바로 바다낚시였다.

 직장생활 만큼 긴 세월 동안 바다낚시를 하면서 직장생활과 연관하여 한 가지 깨달은 것이 있었다. 굳이 제목을 붙이자면 '낚시 포인트 이론'이라고 할까. 낚시에서 아주 중요한 부분 중 하나가 낚시 자리, 흔히 말하는 '포인트'다. 민물낚시든 바다낚시든 명포인트나 명당이란 말은 괜히 생겨난 말이 아니었다. 특히 실력이 좀 부족한 사람은 그것에 더 민감하다. 부족한 실력을 명당자리로 보완할 수 있기 때문이리라.

 강호의 진정한 고수는 연장 탓을 하지 않고 포인트를 따지지 않는 법이다. 하지만 실력이나 조력이 비슷비슷한 대부분의 아마추어 낚시 동호인들은 남들 다 자고 있는 한겨울 그 추운 날이라도 꼭두새벽부터 부지런을 떨어야 제대로 된 물고기 한 마리 잡을까 말까다. 상황이 이러하니 누구든 낚시 포인트에 집착하지 않을 수가 없다. 낚시를 오래 한 꾼들이라도 이름 난 유명 갯바위 포인트에는 일 년을 가도 제대로 한 번 서 보기 힘든 경우가 비일비재하다. 바다낚시를 하면서 우리나라에 바다낚시 인구가 이렇게나 많은지 감탄하게 되었다.

 그렇다고 전혀 방법이 없는 건 아니다. 바다낚시를 하면서 유명 포인트에 서는 최선책은 없지만 차선책은 있다. 정답은 그 포인트 주변에서 그날 오래도록 머물러 자리가 빌 때를 살피는 것이다. 코끼리를 냉장고에 넣는 방법—냉장고 문을 연다, 코끼리를 냉장고에 넣는다. 냉장고 문을 닫는다—처럼 허탈하겠지만 이게 정답이다.

유명 포인트 주변에 머물면서 잡히지도 않는 대상어를 기다리며 열심히 채비를 가다듬고 밑밥을 투척하여 낚시하는 척이라도 하며 자리를 지킨다. 시간이 지나 그 유명 포인트에 먼저 선 사람이 낚시하다 지쳐 철수하는 시간에 맞춰 재빨리 그 자리를 사수한다. 가장 원초적이지만 그나마 이것이 제일 현실적인 방법이다. 처음부터 이름 난 유명 포인트에 서려는 건 욕심이다. 내가 알고 있는 좋은 낚시 포인트는 그날 그 섬으로 같이 낚시를 간 모든 낚시꾼들도 잘 알고 있다. 그 많은 꾼들을 제치고 그 포인트를 차지하려 무리하게 욕심을 부린다면 화를 부르게 마련이다. 바다는 정말 위험한 곳이다. 순리대로 살아야 한다. 낚시 포인트 선점에 이런저런 곡절을 겪더라도 그날 승부는 결국 그 유명 포인트를 차지한 소수 낚시인의 몫으로 돌아간다.

바다낚시와 직장생활은 닮은 점이 많다. 그중 가장 두드러지게 말할 수 있는 부분은 바로 '낚시 포인트 이론'이다. 앞서 언급했듯 이름 난 포인트는 나에게까지 자리를 내어 줄 순서가 오지 않는다. 이제 막 입문한 낚시 초보든 수십 년 경력을 가진 베테랑이든 입장은 마찬가지다. 좋은 낚시 포인트는 대한민국 바닷가에 이미 한정된 수량으로 정해져 있기 때문이다. 직장생활을 하면서 운 있고 배경 좋은 특정 소수를 제외하고는 처음부터 좋은 자리 입성을 노리는 것을 권하지 않는다. 좋은 것이 좋지만 내 의지대로 좋은 자리에 앉을 수 없다. 설령 내가 능력이 있더라도 운이 올 때까지 시간이 필요할지 모른다. 그것을 참지 못해 좋은 자리를 찾아 이직을 하거나 마음대로 안 된다고 어렵게 입사한 회사에 사표를 던지는 경우가 비일비재하다. 이 시점에서 이상과 현실 간 괴리를 느끼며 그 대안으로 진학이나 유학을 꾀하는 친구들도 많다. 그것이 개인 능력 발전을 위함인지 현실 도피성인지 스스로에게 물음이 필요한 부분이다.

직장생활 원리는 바다낚시와 별반 다르지 않다. 바다에 나가기 전에 먼저 자신의 장비를 잘 챙겨야 한다. 배를 타고 멀리 나가 갯바위에 선 이후 주머니 속에 낚시 바늘이 없다는 사실을 알았다면 난감하다. 짜장면 시키듯 바다 한가운데에서 전화 주문으로 해결할 수 있는 부분이 아니다. 낚시 장비를 미리 잘 챙기는 건 직장생활로 말하면 잘 준비된 개인을 말한다. 준비가 된 상태에서 좋은 포인트에 선 후에야 그날 넉넉한 조과(釣果)를 기대해 볼 수 있다.

직장 내에서 좋은 자리를 잡기 위해서는 우선 앉은 자리에서 잘 버티고 눈과 귀를 쫑긋 세우며 기회를 엿봐야 한다. 직장 내에서 채용 시스템은 어느 회사나 대체로 비슷하다. 공석이 생겼을 때 인터넷에 공개 채용으로 공고를 올리는 건 회사 인사부 입장에서는 별로 내키지 않는 방법이다. 내가 인사부 팀장이라고 생각해 보면 답은 금방 보인다. 공개 채용은 말하지 않아도 다 알 것이다. 일단 많은 수고가 든다. 흔히 말하는 '묻지마 지원자'들도 걸러 내야 하고 요즘처럼 채용 대란 시대에 채용 담당자는 그 많은 응시 원서를 밤을 새워 가며 검토해야 할지 모른다. 만일 외부 채용 대행사인 헤드헌팅 업체에 인력 채용을 이임한다면 또 그만한 돈을 지불해야 한다. 이런 이유로 채용을 해야 하는 인사부 입장에서 공석이 생겼을 때 가장 손쉬운 채용 방법은 말할 것도 없이 사내 내부 공모다.

사내 공모는 사내 이메일 공지 한 번이면 끝난다. 사내에 누가 응모하더라도 그 사람의 대체적인 인사 정보는 회사에서 이미 알고 있으므로 채용 실수의 확률이 현저히 적다. 최상의 인원 채용은 못할지언정 자리에 맞지 않는 사람을 뽑게 되는 채용 실수는 막을 수 있다. 사내 공모는 이처럼 채용 리스크가 아주 적다. 이런 이유로 인사팀에서 사내 채용을 선호하지 않을 수 없다. 그로 인해 안정된 공기업이든 잘나가는 사기업이든 직장 내 좋은 자리는 결코 모두가 볼 수 있는 인터넷에 올라오지 않는다. 내부에서 적임자를 먼저 물색하기 때문이다.

지금 회사에서 신입으로서 허드렛일이나 한다고 이직을 꾀하는 등 몸을 가벼이 하지 말 것을 권한다. 앉아 있는 자리를 우선 잘 지키고 개인의 역량을 잘 키워 놓는다면 유명 포인트에 앉을 기회가 올 것이다. 그 기회를 잡고 운이 좋아 마침 동남풍도 불어 준다면 직장생활에서 성공할 수 있다. 어차피 직장생활은 인생의 목적인 아닌 수단이다. 잠시 들렀다 가는 행선지라도 사람 일은 또 모른다. 앉은 자리에서 열심히 낚시를 한다면 대어를 낚고 자신이 잡은 물고기를 팔아 평생 즐거운 일을 하면서 행복하게 잘 살 수도 있다. 그렇다면 지금 내가 앉은 직장이 곧 자신의 직업이 될 수도 있다. 그런 연유로 직장생활의 기본은 우선 버티기다.

나보다 현저하게 똑똑한 사람은 내가 다니는 직장에 오래 같이 다니지 않는다. 그들은 말하지 않아도 알아서 자신들의 길을 간다. 결국 직장에 남는 건 나와 비슷한 능력을 가진 고만고만한 사람들이다. 기껏 고만고만한 우리끼리의 경쟁이니 주눅 들 건 없다. 어렵게 입사한 회사인데 뭔가 자신이 생각하는 것과 맞지 않아 퇴사를 고민하고 있다면 한 번 더 생각해 보라. 퇴사나 이직을 결정하려면 자신만의 명확한 기준이나 원칙이 있어야 한다. 그것은 이 책 뒷부분에서 좀 더 자세히 이야기하겠다. 단지 지금 앉은 자리가 마음에 들지 않거나 상사의 꼴이 보기 싫은 정도의 이유로 퇴사를 결정하려 한다면 우선 이 책을 끝까지 읽어 보고 다시 결정하길 권한다.

08

회사는
월급만 준다

모름지기 직장생활에서 비전이란 자기 자리를 굳건히
지키며 매사에 최선을 다하는 사람에게 오는 행운과
같다.

청운의 꿈을 안고 입사했건만 신입급 직원으로 일하다 보면 회
의감이 들 때가 많다. 윤태호 작가 원작 TV 드라마 〈미생〉에 나오
는 신입 사원 장백기가 그것을 잘 보여 준다. 장백기는 스스로 뛰
어난 인재라고 생각하는데 어쩐 일일지 선배들은 장백기에게 제
대로 된 일을 주지 않는다. 장백기는 선배들의 지시에 의해 아무
나 할 수 있는 허드렛일만 맡는다. 이런 패턴이 지속되자 자존심
강한 장백기는 더 이상 참지 못하고 자신의 능력을 발휘할 수 있
는 다른 회사를 몰래 알아본다. 어느 직장에서나 흔히 벌어지는
일이다.

장백기 또는 직장 내에서 이와 비슷한 일을 겪고 있는 우리는
이런 상황을 '비전 없다'라고 말한다. 장백기를 두둔하기 전에 우

선 비전이란 무엇인지 생각해 보자. 사전적 정의 말고 조금 단순하게 말해 보자. 직장인이 말하는 비전은 '회사와 자신의 발전 가능성'이란 단어와 같은 맥락이다. 회사가 발전 가능성이 없고 망해 가는 징조가 보인다면 비전을 떠나서 우선 '탈출'이 필요하다. 그렇지 않은 상황이라면 회사 역시 나의 비전을 본다.

회사가 보는 나의 비전은 무엇인지, 내가 당당히 나의 비전을 회사에 보여 줄 수 있는지 객관석으로 나를 한 번 보자. 대체로 입사 1~2년 이하 신입이 회사에 보여 줄 수 있는 비전은 그리 많지 않다. 앞서 말한 탈출해야 할 상황이 벌어지지 않는다면 일단 나의 비전을 회사에 보여 줄 수 있는 단련의 시간이 필요하다. 프로야구로 말하면 2군 무대에서의 실전 경험 같은 것 말이다. 직장 내 신입은 프로야구로 치면 2군 선수나 마찬가지다. 2군에서 발군의 실력을 나타내지 못했다면 1군 무대 등록을 바랄 것이 아니라 우선 자신이 보여 줄 수 있는 능력을 그곳에서 갈고닦는 것이 우선이다. 안에서 새는 바가지면 밖에 나가도 마찬가지다.

비전을 찾기 전에 우선 나를 돌아보자

차라리 입사 몇 개월 후 이직이라면 또 모른다. 입사 당시 마음이 급해서 첫 단추를 잘못 끼웠다고 변명해 볼 수 있다. 하지만 입사 후 초기 몇 개월을 넘어 채 2년 이하 기간이라면 이직하기엔 좀 어중간한 기간이다. 회사가 망해 가는 조짐이 뚜렷해서 '탈출' 해야 하는 상황이 아니라면 또는 남들도 인정할 만한 뚜렷한 이직 사유가 아니라면 우선 앉은 자리에서 열심히 나를 갈고 닦아야 한다. 어쨌든 이직을 해야겠다고 마음먹었다면 우선 앉은 자리에서 2년간 나를 갈고닦자.

이직용 이력서를 쓰더라도 첫 직장에서 2년간 어떤 성취를 했는지 스토리가 필요하다. 어느 학교 어느 회사 출신이라는 배경도 중요하지만 그 조직에서 어떤 일을 해서 어떤 성취를 만들었는지가 더 중요하다. 그래서 회사에서는 회사를 위하기보다 자신의 스토리를 위해 일해야 한다. 이기적이지 않아 보이면서 티 내지 않고 자신의 실속을 차려 일하는 자가 이 시대의 진정한 프로페셔널이다. 이것은 뒤에서 언급할 '이미지 메이킹' 또는 '뻥끼(Fake)의 기술'과 연결된다.

자신 스스로 비전 있고 능력 있는 직원이라고 자부해도 직장생활은 운에 의해 성패가 많이 좌우된다. 언젠가 중국의 한 거대 기업가가 이렇게 말한 적 있다.

"폭풍의 중심에 있으면 돼지도 날릴 수 있다."

이 말 뜻은 흐름을 잘 탈 수 있거나 가능성이 무한한 곳 중심에 있으라는 말이다. 운 좋게 잘나가는 부서에서 핵심 거래처를 맡아 동기들보다 더 쉽게 승승장구하는 직원도 있고, 힘든 부서에서 노력한 보람도 없이 고생만 하는 직원도 있다. 하지만 그것은 의도한다고 되는 것이 아니다. 운도 따라야 한다. 그래서 나이가 들면 들수록 '운칠기삼(運七技三)'이란 말이 가슴에 와닿는다. 폭풍의 중심(비전)을 찾지 못한 채 입사한 지 얼마 되지도 않아 떠나려는 직원들에게 말하고 싶다. 직장생활에서 운이란 내 맘대로 되지 않는 것이므로 최소 2년 정도는 그 자리를 지켜보라고.

이 긴 인생에서 2년 동안 직장생활을 하는 것은 낭비가 아니다. 대체로 2년차 미만은 특출한 업무 성과가 없는 한 어느 직장을 가도 신입이다. 신입 2년 미만 이직자는 납득할 수 있는 분명한 이직 사유가 있어야 한다. 내가 채용 담당자라도 이직 사유를 물어볼 것 같다. 채용 후 제대로 써먹을 때 즈음이면 또 이직하지 않을까 하는 생각을 어느 인사 담당자라도 하지 않을까? 나 스스로 비전을 잘 세우고 시대가 필요한 능력을 키워 놓는다면 우선 준비가 된 것이다. 이제 동남풍이 불기만 하면 된다. 그 바람을 잘 타면 직장생활에서 성공할 수 있다. 앞서 말했듯이 그 전제 조건은 평소 나의 실력을 잘 닦는 것이다. 실력이 기본 바탕이 되지 않는다면 좋은 운이 와도 길게 유지하기 힘든 법이다.

반면 좋은 곳만 찾아다니며 여기저기에 잘도 이직하는 능력 있는 사람도 더러 있다. 이직할 때마다 연봉이 몇 십 퍼센트씩 올라가기도 한다. 그걸 보면서 남아 있는 사람은 상대적 박탈감에 빠지기도 한다. 이직 시장은 대리 말년부터 초임 과장급 정도가 제일 넓은 것 같다. 자신의 실력을 출중히 닦아 놓았다면 그때쯤 한두 번 좋은 제의를 받을 수 있다. 그런 제의를 받았다면 나름의 원칙을 세워 두고 현명한 판단을 해야 한다. 단지 신입으로서 이 회사 저 회사를 떠돌지 말기를 바란다.

비전은 나의 의지만으로 찾아지는 것이 아니다. 모름지기 직장생활에서 비전이란 자기 자리를 굳건히 지키며 매사에 최선을 다하는

사람에게 오는 행운 같은 것이다. 제갈량처럼 동남풍이 내 비전이
될지 북서풍이 내 비전이 될지 신입의 커리어로서는 알기 어렵다.
그만큼 세상은 너무 빨리 변한다. 우선 내 직분을 다하면서 하늘의
운을 따르는 것이 현명하다. 진인사대천명(盡人事待天命)은 정말 명
언이다.

09

계획대로 되지 않는,
그래서 더 힘든 삶

'장래 무엇이 될까?'를 생각하며 계획하고 실천하는
것들이 무의미해 질수도 있다. '어떻게'는 중요하지만
'디테일'의 가치는 그에 한참 미치지 못할지도 모른
다.

한때 일본계 회사에 다닌 적이 있었다. 나는 정기적으로 일본
본사로 보고할 보고서를 만들어야 했다. 어느 날 상사가 내게 일
본식 보고서나 기획안 만들기의 기본 원칙을 알려 주었다. 그것의
핵심은 '어떻게 그리고 디테일(How & Detail)'이었다. 상사는 내게
두루뭉술한 계획이나 임기응변식 대안을 보고서나 기획안에 넣는
건 절대 금물이라고 말했다. 그런 문서에 '어떻게'는 실로 중요하
다.

보고서든 우리의 삶이든 모두 그렇다. 올해 매출 목표를 작년
대비 110%로 초과 달성하겠노라고 보고서에 한 줄 써 넣기는 쉽
다. 하지만 '디테일(Detail)'까지 따지고 들면 좀 피곤해진다. 연간
매출 목표를 초과 달성하기 위해 1월엔 무엇을 하고 2월엔 어떤

활동을 하며 3월엔 어떻게 해서 매출을 달성할 것인지 구체적인 실천 계획을 세워야 한다. 어차피 그렇게 되지 않을 것은 뻔하다. 당장 이번 달도 무슨 일이 생길지 모르는데 전투장 같은 비즈니스 현장에서 일 년 앞을 한 달씩 쪼개서 내다본다는 것은 결코 쉬운 일이 아니다.

　그런 '디테일 보고서'를 작성할 때마다 나는 매번 밤을 새우며 머리를 쥐어짜야 했다. 온갖 거짓말과 미사여구를 보고서에 가져다 붙이곤 했다. 정작 연말에 되어 보고서대로 일이 진행되었는지 되돌아보면 절로 한숨이 나왔다. 애초에 세웠던 계획대로 된 일이 거의 없었다. 기획안이나 보고서에 가져다 붙였던 온갖 미사여구는 예상대로 모두 거짓이 되어 버렸다. 이따위 거짓 계획서를 밤새워 만들게 했던 상사가 원망스러웠던 적이 한두 번이 아니었다. 상사는 그런 거짓 보고를 받고 이대로 될 것이라는 거짓 안심을 얻고 싶었는지 모른다.

계획대로 된 일이 있었나?

　참 알 수 없는 세상이다. 누군가가 "저기가 정상이다"라고 해서 땀을 뻘뻘 흘리며 산을 올라갔는데 산 정상에서 "어, 이 산이 아닌가벼?"라고 말한다면 기분이 어떨까. 철학자 라캉은 "우리는 타자의 욕망을 욕망한다"라고 말했다. 타인들의 욕망을 쫓아 우리가 남들이 대체로 원하고 바라는 변호사나 의사가 되었다고 치자. 그들은 사회에서 존경받고 돈도 많이 번다. 부모는 자식을 부채질한다. 부모는 자식들이 그들 속으로 들어가길 원하며 꿈꾼다. 너도나도 원하기에 곧 주위에는 변호사와 의사들이 넘쳐 난다. 가까운 미래에 공급이 수요를 초과하여 사무실 월세도 내지 못하는 변호사들이 넘쳐 난다. 의사 역시 마찬가지다. 인공 지능 알파고와 여러 수술 전문 로봇에 밀려 사람으로서 의사의 입지가 현격히 좁아진다. 이로써 의료 업계도 양극화 현상이 심해진다. 의사들도 동네 변두리에서 한 아파트 단지 주민만 바라보며 감기약 처방이나 해 주는 구멍가게 주인으로 전락할지 모른다.

이제 백 살까지 살아야 하는 시대다. '장래 무엇이 될까?'를 생각하며 계획하고 실천하는 것들이 무의미해질 수도 있다. '어떻게'는 중요하지만 '디테일'의 가치는 그에 한참 미치지 못할지도 모른다.

각자의 인생을 한 번 돌아보자. 왜 남 보기에 부러운 사람이 되지 못했는가. 세밀한 계획이 부족해서? 그렇지 않다. 우리가 그런 사람이 되지 못한 이유는 그런 '계획이 있고 없고의 문제'가 아니다. 긴 인생을 살면서 내가 통제하지 못한 변수에 제대로 대처하지 못해서가 근사치의 정답이다. 통제 못할 변수란 개개인의 능력과 무관하다. 이건 점쟁이들의 영역이라고나 할까. 그렇다고 타고난 팔자를 원망하거나 못난 자신의 능력을 탓할 필요는 없다. 자책하지 말자. 어차피 내 뜻대로 되는 일이 아니었다. 계획한 대로 삶이 척척 풀린다면 학교에선 과연 누가 꼴찌를 하고, 사회에선 누가 힘든 일을 해야 할까.

그냥 되는대로 살면 된다. 쫄지 말고

내가 생각하는 삶의 미덕은 '임기응변(臨機應變)'이다. 미리 계획하지 말고 상황에 맞게 그냥 되는대로 살면 된다. 타고난 성향이나 자라 온 환경이 임기응변식 삶의 태도와 맞지 않는데 어떻게 되는대로 사냐고 반문할 수도 있다. 그들은 절대 임기응변이란 말을 인정하지 않는다. 앞서 말했듯 모두가 '되는대로' 살 수 없다. 그럼 '소는 누가 키우나?'

그래서 난 타이트한 일정과 디테일한 계획 속에 살고 있는 사람에게 언제나 고마움을 느낀다. 그분들 때문에 이 나라가 제대로 돌아가고 이 사회의 빈틈이 메워진다. 어쩌면 난 그분들 속에 살면서 이 사회에 무임승차하고 있는 건지도 모른다. 무임승차라는 단어 자체는 정당하지 못하다. 하지만 앞서 말한 삶의 방식에서 무임승차는 나쁘거나 틀린 방식이 아닌 '다른 방식'일 뿐이다. 계획한 것이 맞아떨어졌을 때의 감흥보다 되는대로 살다가 어쩌다 얻어걸렸을 때 나는 더 큰 희열을 느낀다. 다시 말하면 치밀한 계획을 세워 그에 맞는 결과를 얻은 경우보다 마음의 여유를 가지고 상황에 맞게 행동했을 때 더 좋은 결과가 있었던 것 같다. 그런 경우가 하나하나 쌓여 지금의 행동 양식을 갖게 된 것이다.

취직을 예로 들어보자. 중소기업에 갈 바엔 차라리 해를 넘겨서라도 대기업에 응시하겠다거나 TV 드라마에 나오는 장면처럼 슬림하고 섹시한 정장을 입고 비행기 비즈니스 석에 앉아 태블릿을 두드리며 스마트하게 업무를 하고 싶다? 혹시 이런 꿈을 꾸고 있는가. 꿈을 꾸는 건 자유다. 그런 꿈조차 없는 젊음은 죽은 것이나 마찬가지다.

하지만 생각해 볼 것이 하나 있다. 남들 보기에 좋은 일자리 수는 매년 졸업하는 대학 졸업생 수에 비해 현저히 적다. 판타지만을 보여 주는 TV 드라마 때문에 우리들의 눈높이는 너무 높아졌다. 흔하지 않기 때문에 TV에 나오는 것이다. 수요와 공급의 법칙 때문이라도 남들 보기에 좋아 보이는 일자리에 신입 사원이 단번에 입성하는 것은 힘들다. 설령 흰 와이셔츠를 입고 목에 목걸이 이름표를 걸고 스타벅스 커피 잔을 들고 여의도 빌딩 숲을 활보한다고 해도 내가 업무 능력이 부족하면 그 '보여짐'은 오래가지 않는다.

능력 있어 보이는 대기업 직원을 꿈꾸며 치밀한 계획을 세워 준비하고 입사했건만 중도 퇴사자들이 너무 많은 것이 현실이다. 신입 사원의 입사 1년 내 퇴사 비율은 27% 정도라고 한다. 바늘구멍 같은 취업 관문을 뚫어도 문제는 여전하다. 우리나라 학교 교육에서 중도 퇴사 비율이 높은 원인을 찾는 사람도 있다. 학교에서는 자신의 적성을 알고 삶의 가치를 설정하는 법을 적극적으로 가르쳐 주지 않는다. 요즘 학교 교육이 많이 좋아졌다고 해도 대체적으로 교육계는 보수적 집단이다. 너무 많은 상황과 이해 당사자들이 맞물려 있어서 교육 시스템의 획기적 전환은 그리 쉽지 않다. 시대를 앞서가는 교육을 바라는 건 어쩌면 무리일 수 있다. 그렇다고 학교 교육만을 탓할 수는 없다. 차라리 우리네 극성 아줌마의 무지와 조바심에서 비롯한 '줄 세우기식 돼지몰이 교육'을 탓하는 것이 맞아 보인다.

어쨌든 졸업 후 첫 직장에 입사하면서 그간 세웠던 삶의 계획이 무의미해짐을 느끼는 경우가 생기게 마련이다. 직접 안에서 겪는 사회생활은 밖에서 보고 들었던 것과 아주 많이 다르다. 그렇다고 실망하기엔 아직 이르다. 운 좋은 몇몇을 제외하면 어차피 처음 계획했던 대로 안 될 일이었다. 문제는 그 이후부터다. 이제 디테일은 더 이상 필요하지 않다. 삶의 큰 방향성만 정하고 파도에 실려 바람에 날려 되는대로 살면 된다. 좀 더 정확히 말하면 이렇다.

'임기응변으로 살아가되 매사에 최선을 다한다. 즉, 하루하루 최선을 다하고 전반적인 인생은 운에 맡긴 채 되는대로 사는 것이다.'

여기에 주의할 점이 있다. 대기업만 바라보는 것, 남들의 욕망만을 욕망하는 것, 하루하루 최선을 다하지 않는 것을 경계해야 한다. 아무것도 하지 않으면서 때를 기다린다고 말하는 건 빈 바늘로 낚시를 하는 것과 같다. 열심히 밑밥을 치고 바늘에 미끼를 달고 낚시를 하다 보면 제대로 된 물때를 만나 대어를 낚을 날이 온다. 낚싯대를 던지자마자 대어를 낚기를 바라는 건 극소수의 금수저에게나 통할 말이다.

되는대로 사는 것도 쉽지 않다

'되는대로 산다'의 반대말은 '계획적인 삶'이다. 그렇다면 되는대로 산다와 비슷한 말은 '계획적이지 않다'이지 결코 '게으른 삶'

은 아니다. 계획적이지 않더라도 매사에 게으르면 안 된다. 일단 부딪혀야 한다. 비전을 운운하기 전에 일단 대면하고 거기서 우선 최선을 다해야 한다. 디테일한 세부 계획은 필요하지 않다. 하루 하루 맞이하는 상황에 임기응변으로 맞서며 최선을 다하면 된다. 그 속에서 조그만 인연이 불씨가 되어 새로운 삶의 전환점을 맞이 하게 되는 경우가 많다.

  직장생활을 하며 쌓아 왔던 거래처와 좋은 관계를 바탕으로 퇴 사 후에 사업을 하여 성공한 경우를 많이 보았다. 자사 제품을 홈 쇼핑에 출시했는데, 제품 기획자로 홈쇼핑 방송에 출연했던 한 직 원이 있었다. 우연히 홈쇼핑에 출연한 후 그것을 계기로 그는 그 분야 전문가가 되어 제2의 인생을 살고 있다. 이런 건 절대 계획 된 것과는 무관하다. 이런 경우는 계획하고 준비한다고 되는 일 도 아니다. 대학 졸업 후 당연히 실업자가 될 운명에서 내가 첫 직 장을 잡게 된 것도 계획과는 무관하게 정말 우연적 사건 때문이었 다. 첫 직장에서의 경험이 인연이 되어 또 다른 직장 경력을 쌓을 수 있었다. 그렇게 그럭저럭 직장을 다니던 중에 아내를 만났다. 아내를 만나게 된 건 정말 말로 하기 힘든 우연의 힘이 작용했다. 하지만 생각해 보면 그 우연 뒤에는 매사에 들인 나의 최선이 필 연이라는 인연을 만들지 않았나 싶다.

디테일(Detail)한 계획보다 오늘의 실천이 먼저

연초에 영어 학원에 등록하지 말자. 헬스클럽도 마찬가지다. '작심삼일'이란 말은 괜히 생긴 것이 아니다. 작심삼일은 인간의 본성이다. 그것을 깨고 학원이나 헬스클럽을 다니며 영어 고수가 되거나 몸짱이 된 사람들을 멀리하자. 그렇게 독한 사람 근처에 있으면 정신 건강에 해롭다. 우리는 그저 평범하게 그리고 마음 편하게 살면 된다. 독한 계획보다 하루의 작은 실천이 먼저다. '장래에 무엇이 될까?'에 대한 인생 전반의 큰 그림만 있으면 된다. 큰 그림이란 인생의 큰 방향을 정할 등대와 같은 것이다. 우리는 그저 그 목표에 다다를 그날그날의 작은 실천만 하면 된다.

내게는 위대하지는 않아도 괜찮은 소설을 몇 편 쓰고 싶은 욕구가 있다. 매년 연초에 삼 개월에 단편 소설 한 편씩 쓰기로 다짐하지만 잘될 리 없다. 이렇게 벌써 몇 년을 보냈고, 중년이 되었다. 요즘 내 머릿속엔 '이까짓 것, 좀 늦으면 어때?'라는 생각이 있다. 내가 탄 배는 바람과 파도가 심해서 목적지에 좀 늦게 도착할 뿐이다.

하지만 하루에 조금씩이라도 노를 젓지 않으면 결코 목적지에 도착할 수 없다. 내게 인생 전반의 큰 그림이란 예를 들면 괜찮은 소설을 몇 편 쓰는 것이다. 하루하루 조금씩 쓰다 보면 언젠가 목적지에 도착한 나를 발견할 것이다. 만약 그렇지 못하게 된다면 어떨까. 물론 실망스럽겠지. 하지만 소설가가 되기 위해 머리띠를 두르고 치밀한 계획을 세우며 글을 쓰고 매년 신춘문예에 낙방해 실망하며 마음고생 하고 있는 사람들에 비하면 난 훨씬 낫다. 적어도 '소설을 제대로 못 쓰면 어떡하지?' 같은 쓸데없는 고민이나 걱정은 하지 않으니까. 스트레스 때문에 속 쓰림이나 소화 불량을 겪지는 않았으니 이만해도 좋다.

   최선을 다해서 소설을 썼지만 괜찮은 소설가가 되지 못한다면 아쉬울 것이다. 하지만 그건 하늘의 뜻인지도 모른다. 소설을 쓰면서 소설가가 아닌 나에게 맞는 길을 발견할 수도 있다. 삶은 정말 내 맘내로 되지 않는다. 계획 같은 건 이제 집어치우자. 정답은 '될 대로 되라지. 인생 뭐 있남?' 바로 이것이다.

10

힘들게 입사했지만
퇴사를 고민하고 있다면

> 퇴사 선택은 개인이 자발적으로 해야 한다. 예기치 못한 반강제적 퇴사는 악천후로 인해 개인의 인생 항로가 급선회하는 상황과 같다. ♥

내가 좋아하는 프로야구로 이야기를 시작한다.

1982년 코흘리개 시절부터 줄곧 난 두산 베어스(당시 OB 베어스)의 광팬이었다. 스마트폰이나 인터넷이 없던 시절, 달리 시간을 보낼 소일거리도 없었기에 프로야구는 꿈 많은 초등학생의 관심을 끌기 충분했다. 프로야구 원년 당시 OB 베어스 선수 이름을 나는 기억한다. 불사조라 불리던 박철순 투수는 말할 것도 없다. 구천서, 구재서와 큰 이근식과 작은 이근식 형제들, 발레리노처럼 다리를 일자로 쫙 벌려 공을 잡았던 학다리 1루수 신경식, 리그에서 공 스피드는 제일 빨랐지만 제구가 안 되어 아쉬웠던 털보 계형철 투수, 원년 3, 4번 강타자 윤동균과 김우열 등.

성인이 된 후에도 나는 맥주는 오비 맥주만 마셨다. 내가 이 팀을 좋아하게 된 이유 중 하나는 원년부터 이어져 내려오는 팀만의 독특한 선수 육성 시스템, 즉 화수분 야구라는 이미지 때문이었다. 2군에서 어떻게 선수를 훈육하는지 몰라도 매년 괜찮은 신인 선수가 1군 무대에서 발군의 실력을 보이곤 했다. 가끔씩 대주자로 나왔던 선수가 어느 순간 국가 대표 2루수가 되어 베이징 올림픽 마지막 병살타 수비 장면을 멋지게 장식하기도 했고, 타 팀에서 방출된 선수가 올스타 선수가 되고 또 국가 대표 1번 타자로 선발되기도 했다.

매년 프로야구 시즌이 시작할 때마다 올해는 또 어떤 선수가 출현하여 내 눈을 즐겁게 해 줄지 기대하는 것도 프로야구를 관전하는 쏠쏠한 재미 중 하나였다. 이런 경향성 때문이었을까. 모기업 두산 그룹의 사훈도 언제부터인가 '사람이 미래다'라고 바뀌었다. 그런 두산 베어스가 난 너무 좋았다. 두산 베어스는 다른 사람이 가지지 못한 것을 나만 가지고 있는 것 같은 대리 만족을 주었다.

하지만 이제 난 두산 베어스를 좋아하지 않는다. 언젠가부터 두산이 남처럼 느껴졌다. 그룹 내부적으로 형제 다툼을 하는 장면을 언론에서 보는 것도 거북스러웠다. 최근 경영난 때문인지 이제 갓 입사한 20대 신입 사원들을 명예 퇴직 선상에 올렸다는 기사를 봤을 때도 실망스러웠다. 야구에서는 화수분 야구를 표방했지만 정작 기업 경영에서는 화수분은 고사하고 '신입 사원 자르기'에 혈안이 된 모습이 좋아 보이지 않았다. 원년부터 수십 년을 한 팀만 바라보며 희로애락을 같이했는데 나의 열정은 어디론가 사라진 지 오래다.

떠나야 할 때를 아는 것

프로야구가 싫으면 안 보면 그만이다. 하지만 직장은 다르다. '싫다'는 것을 숫자로 따지면 프로야구의 '싫음 지수'는 직장의 싫음 지수와 감히 비교조차 할 수 없다. 싫어도 막상 떠나기 힘든 곳이 바로 직장이다. 자의든 타의든 직장을 떠나는 결정을 내리는 것은 누구에게나 힘든 문제다. 힘든 고비를 넘기더라도 회사를 오래 다니다 보면 특정 시점에서 회사를 떠나야 할 지 남아야 할 지 스스로 감이 오게 마련이다. 만일 퇴사를 염두에 두었다면 다시한 번 고려해야 할 것이 있다. 그 고려 사항을 아래에 기재했으니일단 한 번 보자.

1. 회사에 기여할 수 있는 나의 가치와 능력이 고갈되었다고 생각하는가?
2. 사장 입장에서 생각할 때 난 그저 월급 도둑인가?
3. 부하 직원이 내 업무를 그대로 맡는다고 해도 나의 업무 성과와 별 차이가 없을 것 같은가?
4. 일시적 악(惡) 감정에 의해 퇴사를 결정했는가?
5. 퇴사 후 개인 소비 지출을 반 이상 줄일 자신이 있는가?

위 사항 중 1~3번에 해당한다면 슬프지만 이직이나 퇴사를 준비해야 한다. 퇴사를 결정했다면 회사에서 명예 퇴직금을 받을 수있을지, 재취업 프로그램 같은 지원을 해 주는지 내밀하게 살펴봐야 한다. 그런 내부 정보를 확인하지 않은 채 일시적 기분에 휘말려 퇴직 서류를 인사팀에 제출하는 사람도 많다. 퇴사하기로 마음먹었다면 회사가 주는 최대한의 혜택을 받고 퇴사하는 것이 옳다. 이때 회사에 대한 미안한 감정 따위는 잊어버리기 바란다. 일단 갈라서면 철저하게 남남이다. 혹시 퇴직에 임박하여 김 부장과 심하게 싸워 심사가 꼬이더라도 인사팀에서 정식으로 명예 퇴직 발표가 날 때까지는 비굴해도 꾹 참자. 자발적으로 퇴사하면 퇴사 후 명예 퇴직금은커녕 나라에서 주는 약간의 실업 급여도 받지 못한다.

나머지 4~5번에 해당한다면 다시 마음을 고쳐먹어야 한다. 회사에서 감정 상하는 일이 어디 한두 번인가. 꼴 보기 싫은 사람도 같이 근무하는 기간은 길어 봐야 2년 남짓이다. 요즘처럼 사회가 급변한다면 조직도 그에 맞게 대응해야 하기에 조직 개편도 빠르게 진행될 것이다. 기분이 상해도 조금만 참자.

퇴사 후 당장 이직이 힘들어 재충전 기간이 조금 길어질 것이라고 예상한다면 퇴사하기 전 몇 달 전부터 소비 지출을 현저히 줄여서 생활해 보며 퇴사 후 적응력을 키워 보는 것이 좋다. 건강 보험료나 휴대 전화 요금, 자동차 기름 값도 개인 지출 항목에 포함시켜 보자. 그럼에도 재정 압박을 견딜 자신이 있다면 과감히 퇴사를 해도 된다. 그렇지 못하다면 말할 것도 없다. 회사에서 비굴한 것이 집에서 아내와 아이들 앞에서 비굴한 것 보다 훨씬 낫다. 그러니 매사 앉아 있는 자리에서 최선을 다하는 것이 상책이다.

이직의 경우도 한 번 생각해 보자. 이직은 대체적으로 차선책이다. 현재 앉은 자리에서 최선을 다해야겠지만 부득이하게 이직을 결정했다면 아직 회사에 남아 있는 사람을 위해 배려해야 할 것이 있다.

퇴사 후 자신이 했던 업무로 인해 후임자에게 전화를 받지 않을 정도로 업무 인수인계를 철저히 해야 한다. 또한 새로 옮길 직장의 연봉 인상률이나 근무 조건 등 현 직장보다 좋은 점이 있다면 그 점에 대해서 남아 있는 직원에게 함구하는 것이 좋다. 이런 것이 직장생활의 기본 매너다. '호사다마(好事多魔)'라고 했다. 조건 좋은 데 간다고 남들에게 질투와 시기를 받으면 그 좋지 않은 기(氣)가 다시 내게 되돌아오는 것이 삶의 이치다.

옛말에 '관(官)은 투출하고 재(財)는 숨겨야 좋다'고 했다. SNS에 자기가 가진 것 또는 먹는 것을 자랑하는 사람들을 보면 부럽기는커녕 그들이 안타깝다.

퇴사 선택은 회사가 아닌 개인의 몫이어야 한다

주제와 약간 동떨어진 이야기를 꺼낸다. 네 번의 퇴사를 경험한 인생 선배로서 퇴사의 주체에 관해 내 의사를 표명하니 그냥 넋두리쯤으로 생각했으면 한다. 우리나라에는 유교 문화 잔재가 참 많다. 유교 문화에 대한 사회적 반감이 많지 않다.

동방예의지국은 좋다. 하지만 조직 내에서 아직도 유교 문화에 뿌리를 둔 상명하복이나 연공서열 문화는 폐해가 많다. 대리, 과장, 차장, 부장 같은 직급 제도는 당연히 없어져야 한다. 팀장 같은 직책만 하나 존재하고 나머지는 모두 팀원이면 좋겠다. 다행히 요즘 일부 기업은 직급제를 개선하려는 시도를 하고 있다. 나이가 차면 어느 정도 올라야 한다고 생각하는 직급이 있다. 그것을 충족하지 못하면 당사자는 부끄러워하고 주위로부터 능력 부족이라며 은근한 퇴사 압력을 받기도 한다. 나이 사십에 대리나 과장이라면 그 사실만으로 그 직원에 대해 많은 것을 유추해 볼 수 있다. 부장이든 과장이든 누군가 능력 있는 사람이 리더가 되고 나머지 직원은 동일한 팀원의 자격으로 조직과 팀의 목표를 위해 일하면 된다. 서열과 직급을 따지는 수직적 직급 제도에서 나오는 부정적인 인식 때문에 사람이 위축되고 업무 동기가 저하된다.

나이가 찬 직원이라도 그에 맞는 역할을 한다면 문제될 것이 없지만 그렇지 못할 경우 그 능력에 해당하는 감액된 급여를 주면 된다. 요즘 임금 피크제를 시행하는 기업도 늘고 있다. 임금 피크제는 양자 모두에게 좋은 대안이 될 수 있다. 해당 직원은 자존심을 조금만 구기면 된다. 아니 자존심을 구기지 않아도 당당하게 임금 피크제를 받아들이는 조직 문화가 어서 자리 잡히길 바란다.

개인의 업무 성과를 정밀하게 계량화할 수 있고 그에 맞는 임금 체계가 있다면 퇴사를 하든, 임금 피크제를 적용 받아 직장에 더 남아 있든 결정할 수 있다. 이렇게 본인이 퇴사 결정을 할 수 있다면 각 개인은 예측 가능한 삶을 살 수 있을 것이다. 본인의 의사에 반한 갑작스런 퇴사가 개인 인생 진로 전반에 큰 타격을 주는 법이다.

많은 자기계발서는 개인이 변해야 한다고 말한다. 하지만 사람은 쉽게 변하지 않는다. 오히려 조직이 변해야 한다. 기업이 자발적으로 임금 피크제나 수평적 직급 제도를 도입하면 모두가 공생할 수 있지 않을까. 임금 피크제는 노사 양자를 위한 좋은 대안이다. 하지만 조직은 이런 대안을 시행하지 않은 채 개인의 선택만 강요한다. '사람이 미래다'라는 한 기업의 사훈에 비추어 볼 때 직원을 내보내는 건 단기적으로 자금 융통에 유리하겠지만 장기적으로는 조직의 미래를 해(害)하는 일이다. 분명 득보다 실이 많음에도 회사는 미래를 내다볼 여유가 없다. 당장 자신의 목이 달랑달랑하기 때문이다. 노사가 함께 갈 수 있는 대안이 있음에도 실행하지 못하는 현실이 안타깝다.

당연한 이야기지만 퇴사 선택은 개인이 자발적으로 해야 한다. 예기치 못한 반강제적 퇴사는 악천후로 인해 개인의 인생 항로가 급선회하는 상황과 같다. 이럴 경우 인생 전반에 걸쳐 혼란이 온다. 매일매일 그런 상황을 감안하면서 항해한다면 개인이 회사에 몸 바쳐 충성할 동기가 생기지 않는다. 악순환은 또 악순환을 낳는다. 내게 그런 상황이 닥칠지 모르는데 어떻게 결혼을 하고 집을 사고 아이를 낳을 수 있겠는가. 이를 선순환의 고리로 변경하기 위해서 변하고 베풀어야 할 상대는 개인이 아니라 직장이다. 항상 그랬듯이 칼자루는 자본을 독점한 큰 놈들이 쥐고 있기 때문이다. 법인세를 인하 받고 온갖 친기업 혜택을 받는 한국 기업들이 생각을 좀 바꾸었으면 좋겠다.

Part 3

어차피 해야 할
직장 생활이라면

11

이미지 메이킹(Image Making), 평판 관리

> 월급은 내가 회사에 돈을 벌어 준 것에 대한 대가라기
> 보다 직장 내 많은 사람 앞에서 내가 연출한 연기에
> 대한 출연료다. 😆

신입 시절, 직장생활 핵심은 '구라'다

신입 사원은 참 힘들다. 조직 위계가 많이 수평화 되고 있지만 아직 우리나라 많은 기업의 수직적 위계 조직 특성상 어쩌면 당연하다. 불평불만이 많다면 다른 직업이나 직장을 찾아야 한다. 그렇지 않고 지금 앉아 있는 이 직장에서 좀 더 버텨 보고자 한다면 가장 필요한 덕목은 바로 '구라'다. 좀 점잖은 말로 하면 의도적인 이미지 메이킹 또는 평판 관리다.

신입 사원은 언제나 남들이 하기 귀찮아하는 일을 마다하지 않아야 한다. 상사가 시키는 일에 감히 토를 달아서는 안 된다. 신입 사원에게 그럴 일이야 많지 않겠지만 행여 능력 밖 업무가 주어져도 일단 받아들고 끙끙대며 노력하는 모습이라도 보여 주어야 한다. 되면 되는대로 안 되면 안 되는대로 상사에게 중간에 보고라

도 하면 제대로 결과를 만들어 내지 못한 책임은 일단 반감된다. 별다른 업무 결과가 없더라도 적어도 '성의는 있는 사원' 정도로 자신의 이미지를 상사에게 심어 줄 수 있다.

직장을 오래 다니다 보면 한 가지 중요한 사실을 알게 된다. 시간이 지날수록 직장에 남아 있는 사람의 업무 능력은 다 거기서 거기라는 것이다. 신입 사원 시선에서 보면 내 사수인 김 대리는 정말 뛰어난 인재처럼 보인다. 물어보면 모르는 것이 없다. 하지만 시간이 조금 흘러 내가 그 위치에 이르게 되면 그때 김 대리의 포스는 정말 아무것도 아니었음을 깨닫게 된다. 하늘 같은 선배들이라고 그들 앞에서 절대 기 죽지 말기를 바란다. 평범한 나와 한 직장에서 같이 생활하는 한 김 대리든 박 부장이든 다 그놈이 그놈이니까.

하향 평준화 질량 보존의 법칙

나도 한때 그럴듯한 직장에 다닌 적이 있다. 그 회사는 삼성동 코엑스 옆 아셈타워에 입주해 있었다. 하루는 커피 잔을 들고 아셈타워 1층 현관에 나와 출근하는 여직원들의 외모를 힐끔힐끔 감상하고 있었다. 뭐 솔직히 말하면 그것이 거의 매일의 일상이었다. 서울 삼성동 주변 출퇴근 시간에 거리를 오가는 젊은 여자들은 어찌나 하나같이 예쁜지 모르겠다. 이것도 직장생활에서 아주 쏠쏠한 재미 중 하나였는데 그 시간을 오래도록 가지지 못해 아쉽다.

그날도 저 여자는 A^+, 저 여자는 B 하며 속으로 혼자 점수를 매졌다. 그때 회사 앞 도로에 고급 수입 승용차가 한 대 정차했다. 기사가 얼른 내려 차 뒷문을 열어 주었다. 그 차에서 내린 사람은 다름 아닌 우리 회사 직원이었다. 회사에서 몇 번 보기는 했지만 그와 말은 섞어본 적은 없었다. 심지어 나보다 나이가 한참 어린 직원이었다. 사무실로 돌아와 인트라넷으로 그 직원의 소속과 업무를 확인했다. 나와는 아주 무관한 부서에서 일하고 있었다. 이 회사에서 무슨 일을 하는지 감이 잡히지 않았다. 나는 주변의 친한 동료에게 그에 대해 물었다. 그 동료의 답변은 예상대로였다. 부친이 외국에서 큰 제조업을 하시는데, 이 회사에는 그저 경영 수업차 잠시 머무르는 중이라고 했다. 더 자세한 내용은 동료도 알지 못했다. 그러고 얼마 지나지 않아 아무도 그 직원의 행방을 알지 못했다. 그 회사는 이렇게 정체불명의 직원이 몇 명 더 있었다.

진짜 특출한 인재들은 내가 다니는 직장에 오래 남아 있지 않는다. 내가 그의 존재를 알기 전에 그들은 이미 더 좋은 곳으로 이직하거나 자기 사업을 한다. 또는 나도 모르는 사이에 홀연히 어디론가 사라진다. 여하튼 그런 특출한 사람은 내 주변에 오래 머물지 않는다. 똑똑한 특정 직원이 회사를 나가고 나면 인사팀은 사내에서 그들을 대신할 인원을 보충하거나 그들보다 직급이나 연봉이 한두 단계 낮은 직원을 채용한다.

야구로 말하면 15승 선발 에이스를 타 팀으로 트레이드하고 대신 갓 졸업한 고졸 유망주를 선발하는 것과 같다. 그래도 묘하게 조직은 이전처럼 잘 굴러간다. 어지간한 회사는 구조 조정이니 조직 개편이니 운운하면서 수시로 칼을 휘두른다. 그 와중에 나갈 사람은 나가고 어중이떠중이들로 보충된다. 이런 일이 반복되고 시간이 흐르면 직장에 남아 있는 사람들의 업무 능력은 다 고만고 만해진다. 일종의 하향 평준화가 된 것이다. 에이스급 투수 한 명이 빠졌으니 당연히 팀 성적은 곤두박질한다. 프로야구를 좋아하는 사람이라면 많이 봐 온 상황이다.

하지만 대한민국 직장 내에서는 이런 경우가 거의 없다. 주전급 직원이 빠져나가도 팀은 별 동요 없이 이전처럼 성적을 내고 잘 굴러간다. 약간의 시간만 지나도 이탈한 직원의 공백은 전혀 느낄 수 없게 된다. 이런 이유로 장기간 휴가를 낸 직원이라면 빨리 휴가를 마치고 자리로 복귀하길 권한다. 언제 자신의 책상이 없어질지 모른다. 직장이란 그런 곳이다. 이것을 우리 선배들은 '하향 평준화 질량 보존의 법칙'이라고 불렀다.

직장에는 이런 법칙이 항상 존재하기에 신입 사원이 명심해야 할 것이 하나 있다. 그것은 바로 절대 기죽지 말라는 것이다. 직장 내 직원들의 실력은 앞서 말했듯이 다 그 나물에 그 밥이다. 내가 신입이라 아직 업무 능력이 떨어지는 건 사실이므로 빨리 업무 능력을 키워야겠다는 조급함은 버려야 한다. 그것이 곧 스트레스의 주범이다. 업무 감각이 그리 둔하지 않다면 약간의 시간이 해결해 줄 것이다. '발 빠르지만 대충대충'보다 '좀 늦어도 단단하게' 업무를 배우는 것이 중·장기적 입장에서 보면 훨씬 더 좋다.

한편 자신의 업무 감각이 좀 떨어진다고 생각하면 따로 시간을 내어 열심히 업무를 익히면서 그 약점을 보완할 '이미지 메이킹' 감각을 체득해야 한다. 신입으로 입사하면 큰 회사든 작은 회사든 주위에서 자신을 보는 눈이 많음을 잊지 말아야 한다. 점심시간 또는 회식자리 따위에서 심심찮게 나의 행실이나 이미지 하나하나가 그들의 도마 위에 오르내리게 된다. 이때 내게 회자되는 몇 마디 말로 직장생활의 운명이 갈린다고 해도 과한 표현이 아니다.

가령 "그 친구 꽤 성의 있어", "빠릿빠릿한 친구야" 등의 긍정적인 말 대신 "그 친구 좀 그래", "그 친구 딱히 뭐" 등의 부정적 표현이 나온다면 초반 이미지 메이킹에 실패한 것임을 알아야 한다. 자신에게 심어진 이미지를 다시 긍정적으로 복구하는 데는 꽤 오랜 시간이 걸린다. 상황이 이러하므로 적정 시점에 이르면 자신이 믿을 수 있는 직장 동료나 선배에게 자신의 평판에 대해 진지한 피드백을 받고 수정하려는 노력이 필요하다.

이렇듯 이미지 메이킹을 잘 하려면 정성이 필요하다. 정성이란 의도한 연출을 말한다. TV 드라마에서 본 이상적인 직장생활을 떠올리면 안 된다. 입사 후 몇 년간은 자신의 생활을 양보하고 회사를 위하거나 적어도 팀을 위해 한몫한다는 이미지를 의도적으로 연출해야 한다.

예를 들면 간단한 보고 자료를 만들더라도 내용 못지않게 형식에도 정성을 들이거나 상사에게 회사나 팀 발전을 위해 잦은 질문과 조언을 구하는 것 따위다. 좀 유난스럽긴 하지만 근무 시간이 아닌 이른 시간, 혹은 늦은 시간에 업무 이메일을 보내는 것도 방법이다. 이메일을 보낸 시간을 보며 직원 충성도를 따지는 상사들도 있다.

점심 식당 자리를 예약할 때도 선택지를 많이 만들어 보자. 간단한 일에도 상사나 선배들에게 최대한 성의와 열정을 보이는 것이 좋다. 기존 사원들은 익숙한 대로 일을 처리하지만 적어도 신입인 나는 번거로워도 좀 다르게 일을 처리하는 모습을 보여야 한다. 그 약간의 '다름'에서 상사는 나에 대한 좋은 이미지를 차곡차곡 쌓는다.

내가 가진 패가 형편없다면, 연기자가 되어라

성격에 맞지 않으면 직장생활을 하는 것은 참 힘들다. 직장은 속내가 다른 각양각색의 사람이 한데 모인 곳이다. 직장이란 위로 올라갈수록 좁아지는 관문을 통과하기 위해 서로 경쟁하는 생존 각축장이다. 직장생활은 외향적이고 서글서글하고 의욕 넘치는 사람들에게만 성공의 기회가 열려 있는 것처럼 보이며, 대체로 그런 부류의 사람들이 평가나 승진에 유리하다. 반면 그와 정반대의 성격을 가지고 있다면 승진에서 불리할 수 있다. 직장에서는 일만 열심히 한다고 알아주지 않는다. 간접적이고 은근한 자기 PR이 반드시 필요하다.

평소 소극적인 사람이라면 그런 인사상 불리함을 메우기 위해 의도적인 연출이 필요하다. 연기한다고 생각하고 꾹 참아 보자. 1년만 투자해 보자. 그 기간의 고비를 넘길 수 있느냐 없느냐가 직장생활 롱런의 지름길이다. 우리나라 직장 환경이 많이 좋아졌다고 해도 아직까지는 개인의 다양성을 많이 존중하지 않는 것 같다.

수잔 케인의 《콰이어트 Quiet》 같은 책을 보면 저자는 소심한 사람도 얼마든지 자신의 자리에서 빛을 발할 수 있다고 말한다. 그러나 우리나라 직장에서는 대체로 외향적인 직원에게 더 긍정적인 평가를 하는 경향이 많다. 좁은 땅덩어리에서 적은 인구로 살고 있지만 님의 호주머니 돈을 빼내야 하는 것이 우리나라 비즈니스 환경의 핵심이기에 이를 숙명으로 받아들여야 한다.

회사는 내게 월급을 준다. 그 월급은 내가 회사에 돈을 벌어 준 것에 대한 대가라기보다 직장 내 많은 사람 앞에서 내가 연출한 연기에 대한 출연료다. 그 무대에 서서 연기를 하기 위해 아침마다 잘 씻고 잘 차려입는다. 매일 무대에 설 준비를 한다. 직장 문을 열고 입장하는 순간 일류 배우가 되는 것이다. 이러는 것이 적성에 맞지 않는 사람은 제 명에 못 살 수도 있다. 회사 규모에 따라 나에 대한 이미지가 긍정적으로 심어질 시간은 스스로 가늠해 볼 수 있다. 그 기간만이라도 연기자가 되어야 한다.

수잔 케인은 《콰이어트》를 통해 이렇게 말한다. 내성적인 사람이 조직에서 인정받기 위한 전제 조건은 '그럴듯한 결과물을 만드는 것'이라고. 숨어서 뭘 하든 하는 일마다 좋은 결과를 만들어 낸다면 더 이상 연기를 하지 않아도 된다. 관객으로 남아 있든 조명기사가 되든 팀원들은 나의 행동에 제동을 걸지 않는다. '회사가 비전도 없는데 내가 왜 이래야 해'라고 말하지 말자. 그렇다면 입사 첫 단추부터 잘 못 끼운 것이다. 일단 잘 해보겠노라 마음먹고 입사했으면 철저하게 사내에서 연기를 해야 한다.

회사는 월급만 주지 비전은 주지 않는다. 비전은 스스로 찾는 것이다. 야구로 치면 내가 선발 투수라고 생각하자. 우선 초반 3회까지 잘 버텨야 한다. 그 기간을 잘 넘기면 감독은 향후 나를 구원 투수로도 내보낼 수 있다. 운 좋게 5회를 넘기면 승리 투수가 될 자격도 얻을 수 있다. 반면 초반 1, 2회부터 난타를 당한다면 감독도 나를 의심할 수밖에 없다. 설령 내가 경기 후반에 강한 성향의 투수라도 경기 초반 난타를 당하면 그것을 보여 줄 기회조차 사라진다. 그런 이유로 경기 초반에 이미지 메이킹에 전념해야 한다.

인생의 정답은 결코 짧은 직장생활에 있지 않다. 하지만 긴 인생을 안전하게 통과하기 위해 직장생활의 길로 접어들었다면 일단 제대로 하고 볼 일이다. 여러 사람과 섞여 살아가야 하는 인간의 삶은 포커 판에 앉은 선수와 같다. 내가 가진 패가 형편없더라도 뭔가 있는 것처럼 행세해야 한다. 보이는 대로 보게 마련이다. 가까운 사람이 아니고선 직장 내에서 그 사람 내면의 숨은 가치까지 보는 이는 없다.

포커를 칠 때처럼 회사에서는 내가 보여 주고 싶은 패만 보여 주자. 상대가 더 높은 패를 가지고 있더라도 밖으로 드러난 내 패를 보고 상대가 기가 죽을 수도 있다. 그야말로 직장은 자기 PR의 장소다. PR은 '피할 건 피하고 알릴 건 알린다'의 약자다. 시간이 흐르면 나의 진정한 실력은 곧 드러난다. 실력이 뛰어나다면 그리 걱정할 건 없지만 그렇지 않다면 그 전까지 '구라'가 필요하다.

이 세상 모든 상황에서 실력으로 정면 돌파할 수 있는 사람은 많지 않다. 내가 쥔 패가 세 끗밖에 안 되어도 포커 패를 잡은 것처럼 의도적 이미지를 구현해 보자. 직장생활 초반에 놓쳐서는 안 될 중요한 덕목 중 하나가 바로 이런 이미지 메이킹이다.

12 /

자기계발,
내부로부터 시작하기

자기계발은 기본 뼈대에 살을 붙이는 행위다. 엉뚱한 곳에서 경쟁력을 찾으려 하지 말고 직장 내부에서 뼈를 단단히 다질 수 있는 방법부터 찾기를 권한다.

　자기계발, 참 쉽지 않다. 취업 전 소위 스펙을 쌓는 과정이라면 또 모를까 직장을 다니면서 하는 자기계발은 어렵다. 영어 공부니 헬스클럽 수강이니 업무 관련 스터디 등 이것저것 열심히 해 보지만 막상 잘 되지 않는다. 개인의 의지박약을 탓할 문제만은 아니다. 직장을 다니면서 나름대로 계획을 세워 자기계발이라고 불릴 만한 활동을 잘 하는 사람이 훌륭한 사람이지 그렇지 못한 대부분의 직장인을 탓할 수 없다. 자기계발이나 공부는 어차피 평생 하는 것이다. 평생 해야 하는 것이지만 실천이 어렵다면 나름대로 전략을 세워야 한다.

　자기계발을 성공적으로 하기 위한 전략 중 하나는 분명한 타깃을 정하는 것이다. 서점에서 흔한 자기계발서 한 번 뒤져 보지 않은 직장인은 없을 것이다. 그런 책을 찾게 되는 인간의 심리는 단언컨대

'불안'이다. 내게 닥칠 미래가 모호한데 이렇게 살아도 되는 건지, 내가 지금 잘 하고 있는건지 알지 못해 불안한 것이다. 이처럼 눈에 보이지 않는 공포가 언제나 더 무서운 법이다.

많은 입시 학원이 학부모의 불안을 등에 업고 성장하듯 출판사도 젊은 청년의 미래에 대한 불안을 소재로 자기계발서 판매에 열을 올린다. 갖가지 유혹적인 제목으로 포장한 책들을 읽는 것도 좋지만 책 내용 중에 옥석을 가려내는 시각이 필요하다. 성공한 사람의 스토리를 보며 '나도 그렇게 하면 그처럼 성공할 거야' 하고 잠시 위안을 얻기도 한다. 하지만 책 내용대로 실행하기는 쉽지 않다. 각자의 성격과 동기와 주변 여건이 모든 제각각이라 책에 나온 상황과 나의 능력과 여건이 맞아떨어지지 않는다. 결국 서점 문을 나설 때면 다시 원상태의 나로 돌아오는 것을 확인할 수 있다.

자기계발은 무릇 평생을 걸쳐 이루는 행위다. 책 몇 권 읽는다고 바뀌지 않는다. 자기계발은 단시일에 이루어지는 것이 아니기에 조급하게 생각해서는 안 된다. 대신 뭔가 개인적 발전을 꾀하고자 한다면 분명한 목표가 있어야 한다.

예들 들어 영어 학습을 생각해 보자. 토익(TOEIC) 점수가 필요한지, 업무에 필요한 말하기나 쓰기 능력이 필요한지 목표를 분명히 정해야 한다. 만일 나의 토익 점수가 사내에서 제일 높다는 사실이 알려지면 외국에서 바이어가 왔을 때 팀장은 우선 나를 찾을 것이다. 그때 제대로 능력을 발휘하지 못한다면 나의 토익 점수는 그야말로 무용지물이다. 반면 내가 외국에서 오랫동안 살다 와서 말하기 능력은 완벽한데 승진을 위해 토익 점수가 필요하다면 점수를 올리기 위한 공부가 필요하다. 토익 점수는 내 업무와 무관하더라도 그것이 승진에 필요한 요건이라면 회사에서 원하는 토익 점수를 우선 확보해야 한다.

반면 사내에서 업무적으로 영어를 전혀 쓰지 않는데 막연한 미래를 위해 목표 없는 영어 공부에 매달리는 것은 좀 아닌 것 같다. 본인은 가까운 미래에 외국계 회사로 이직할 것이라고 말하고 싶겠지만 그건 그때 가 봐야 안다. 막연히 계획을 세우곤 하지만 역시 인생은 내가 계획한 대로 흘러가지 않는다. 지금 다니는 회사를 두고 이직할 생각을 하는 것보다 현재 위치에서 우선 최선을 다하고 볼 일이다.

또 다른 경우를 생각해 보자. 회사에서 필요한 중요한 경쟁력 중 하나는 프레젠테이션 기술이다. 보고서를 빔 프로젝터에 띄워 놓고 그 장표를 줄줄 읽는 사람을 보면 그저 안쓰럽고 답답하다. 스티브 잡스 수준의 프레젠테이션까지는 아니더라도 대중 앞에서 내가 주장하고자 하는 것을 표현하는 것은 실로 중요하다. 프레젠테이션을 잘 해내겠다고 마음먹었다면 구체적인 목표를 세워야 한다. 스티브 잡스처럼 사내에서 프레젠테이션 1인자로 군림하고 싶은지, 아니면 프레젠테이션 울렁증만이라도 없애 보고 싶은지 방향성 설정에 따라 노력의 강도가 정해진다. 목표를 세웠다면 그것을 갈고닦을 교재는 널려있다. 사내에서 누가 프레젠테이션을 잘하는지 회의 시간 때마다 유심히 살펴보라. 시중에 프레젠테이션 관련 책도 널려 있다. 인터넷을 뒤져보면 좋은 프레젠테이션 사례들을 얼마든지 구할 수 있다.

또 다른 흔한 예로 독서에 대해 말해 보자. 올해에는 책을 스무 권을 읽어 업무에 대한 통찰력과 지식을 높여 보겠다고 목표를 정했다고 치자. 이런 목표는 개인 목표이지 직장생활을 잘하기 위한 자기계발 목표와는 많이 동떨어져 있다. 독서는 분명 좋은 행위다. 그 행위가 업무와 연결되려면 상당한 내공과 시간이 필요하다. 업무에 대한 통찰력과 지식은 책 몇 권만으로 얻을 수 없다. 업무 능력 향상을 위해 책을 읽겠다고 목표를 세웠다면 좀 더 구체적이어야 한다. 가령 독서 토론회에 가입해서 정기적인 활동을 하겠다든지, 독서 리뷰 관련 블로그를 개설해서 이웃을 몇 백 명 늘려 보겠다든지, 그것도 모자라면 독서 감상문 공모전 같은 데에서 입상하겠다든지 하는 구체적 목표 설정이 필요하다.

자기계발에 대한 범위가 아주 광범위하니 또 다른 예를 들어본다. 자기계발의 흔한 사례 중 하나가 바로 자격증 취득이다. 자격증 취득은 좀 애매하다. 현재 업무와 밀접히 관련이 없는 자격증이라면 대체적으로 효용이 떨어진다. 가령 영업을 하는 내가 직업 상담사 자격증을 땄다고 하자. 인사팀에 자격증 사본을 제출해 봐야 무슨 소용이 있을까.

직업 상담사 자격증은 '사람을 만나고 상담하고 내담자의 진로 의사 결정에 도움을 줄 수 있는 자격증이다'라고 인사팀에 호소해 본다. 상담 능력과 의사소통 능력에 있어서 직업 상담사 자격증은 유효하다고 인사 담당자에게 말한 후 인사 평가에서 좋은 점수를 요구한다. 하지만 회사가 요구하는 것은 결국 실무 능력이다. 실무에서 그와 연관한 능력을 보여 주지 못하면 자격증만으로 나의 능력을 평가받지 못하는 경우가 대부분이다. 의사 면허, 판검사 면허 같은 몇몇 특수한 자격증을 제외하고 경험적으로 보면 내 실생활에 도움이 되는 국가 자격증은 운전면허증이 유일했다.

질문이 정확해야 올바른 답이 나오는 법이다. 직장인 초년생이라면 회사 바깥이 아닌, 내부에서 자기계발 방법을 찾아야 한다. 따로 시간과 돈을 할애하여 외부 강의를 수강하러 다닌다거나 미래가 불안해서 주말에 도서관에 처박혀 하는 막연한 공부보다 자신 주변의 업무를 남들보다 능숙하게 잘할 방법부터 찾아야 한다.

회사에서 보고자료를 작성할 일이 많다면 파워포인트나 엑셀 같은 업무 도구를 능숙하게 쓸 수 있는 스킬을 익혀야 한다. 그런 업무를 익히고자 한다면 사내에 참고할 만한 강사와 교재가 널려 있다. 지금부터라도 선배들이 쓴 보고서나 잘 쓴 품의서를 유심히 살펴보기 권한다. 내가 팀장 부장이라고 간주하고 그 서류들을 하나하나 검토해 본다면 분명 잘 쓴 교본이 몇 개씩 있다. 그걸 보고 따라 하면서 서서히 나만의 색을 입히면 된다.

직장인에게 나의 경쟁력은 무엇인가라고 묻는다면 딱히 내세울 것이 없는 사람이 대부분이다. 앞서 언급한 직장 내 '하향 평준화 질량 보존의 법칙'과 달리 뭔가 내세울 것이 있는 비범한 사람들은 내가 일하는 직장에서 나와 같이 일하지 않는 법이다. 이런 이유로 입사 이후 자신의 과거 스펙이 좋다고 자신감은 가질지언정 그것을 넘어 우월감을 가지는 건 어리석은 행동이다.

입사 전 쌓은 스펙은 현업에서 쓸모가 없는 경우가 대부분이다. 그렇다고 두려워하지 말라. 모든 직장인이 다 마찬가지다. 정말 뛰어난 놈은 회사에 오래 붙어 있지 않는다. 그들은 어차피 나의 경쟁자가 아니다. 설령 그 뛰어난 놈이 나가지 않고 회사에 오래 붙어 있다고 해도 시간이 지나면 실력은 결국 나와 같이 하향 평준화된다.

정말 괜찮은 회사가 아니라면 우리나라 대부분의 직장은 '튀는 놈'을 경계한다. 직급 낮은 직원이 자기보다 잘난 것을 우리 조직은 절대 용납하지 않는다. 그 잘난 놈 때문에 상대적으로 자신들이 못난 사람으로 비춰지는 것을 기성 직원들은 허용하지 않는다. 그것이 못난 직장인들이 오랫동안 살아남는 비법이기도 하다. 사내 정치는 바로 이런 원리로 형성된다.

직장인이라면 우선 '내가 이 조직에서 장차 무엇이 되고 어디까지 갈까?'라는 구체적 목표부터 설정해야 한다. 이것은 앞서 이야기한 미리 계획을 세우지 말라는 것과는 성질이 좀 다른 것이다. 인생 항해를 하려면 등대는 보고 가야 한다. 등대는 방향성이지 계획과는 무관하다. 우선 등대가 어디에 있는지 파악한 후에 나의 경쟁력을 파악한다. 경쟁력이란 기본기가 탄탄한 상태에서 추가로 얹어지는 것이다. 자기계발과 경쟁력은 기본 뼈대에 살을 붙이는 행위다. 뼈가 단단하지 않으면 허망하다. 엉뚱한 곳에서 경쟁력을 찾으려 하지 말고 직장 내부에서 뼈를 단단히 다질 수 있는 방법부터 찾아 시도해 보기 권한다. 그것이 자기계발의 올바른 순서다.

13

경력
업그레이드?

직장에 있는 동안 눈과 귀를 열고 다양한 경험을 해
보자. 스토리가 바탕이 된 경험이 모여 나의 진정한
적성을 파악할 수 있다.

이번엔 직장생활 경력 업그레이드에 대한 이야기다. 이 주제는
여러 자기계발서에 나오는 전형적인 소재다. 그런 책에는 대체로
'이래라 저래라' 등 실천 강령이 구체적으로 기재되어 있지만 난
좀 다른 시각으로 말하고자 한다. 경력 업그레이드의 방향을 어떻
게 설정할 것인가에 대한 자문자답이 먼저 필요하다.

어떤 외국 기업에서 언급했던 'T자형 인재론'을 예로 들어본다.
T라는 글자는 가로줄과 세로줄로 구성된다. 가로는 넓음을 의미
하고 세로는 깊이를 의미한다. 내가 T자형 인재에 빗대어 직장 내
에서 '두루두루 넓게'를 추구하는 가로형(Generalist) 직원이 되기를
바라는지, '한 방향으로 깊게'를 추구하는 세로형(Specialist) 직원
이 되기를 바라는지 우선 방향을 잡아야 한다. 물론 둘 다 갖춘다
면 금상첨화다. 상황이 여의치 않아 둘 중 하나를 선택하라고 하

면 신입부터 대리, 과장 정도까지는 후자, 높이 올라갈수록 전자의 길을 택하는 것이 무난하다.

부서나 팀을 관리하는 부서장들에겐 아무래도 상황 전반을 아우를 수 있는 '두루두루(Generalist)'의 능력이 필요하다. 하지만 회사 상황이나 업무 특성마다 선호도는 얼마든지 변할 수 있다. 직장 내에서 부서장들이 소위 '꼰대'가 되지 않으려면 특정 분야 전문가만큼 전문성과 스킬을 확보하면 좋다. 상사가 귀신같아야 아랫사람이 움직인다는 말도 설득력이 있다.

반면 내가 사내에서 특정 분야 전문가(Specialist)라고 불려도 안심할 수 없다. 분명 전문가가 우대받는 사회지만 직장 내에서는 좀 다르다. 비즈니스 환경이란 언제, 어떻게 변할지 모른다. 자신의 전문성이 언제 쓸모없는 기술이 될지 모른다. 내가 회사에 다닐 때 손재주가 탁월했던 몇몇 AS기사가 돌연 영업직으로 발령이 나기도 했다. 한 부서에서 근무 연차가 오래된 그 수리 기사는 영업팀에 가자마자 영락없이 신입 사원 신세가 되었다.

이럴 때 방법은 두 가지밖에 없어 보인다. 퇴사를 하든지, 회사의 발령을 인정하고 열심히 새 업무에 적응하든지. 회사가 특정인을 비전문 분야로 발령 내는 이유를 잘 살펴야 한다. 그 사람을 퇴사시키기 위한 의도도 있지만 진짜 쓸 만한 인력이 사내에 없어서 내부 발탁을 하는 경우도 많다. 후자의 경우라면 어쨌든 그 직원은 새로 맡은 업무를 빨리 학습해서 어떻게든 적응해야 한다.

이처럼 세상이 너무 급속하게 변하기 때문에 직장생활을 할 때 이런 방향성을 잡는 것은 어떨까. 그것은 바로 특정 분야 전문가

(Specialist)를 견지하되 다른 부서나 내가 해 보지 못한 업무에도 눈과 귀를 항상 열어 놓는 것이다.

앞서 언급했듯이 직장생활을 오래 하다 보면 자신의 의사와 상관없이 여러 번의 부서 이동과 조직 개편을 맞이해야 한다. 그러면서 각 개인은 기존의 업무에서 벗어나 새 팀의 업무에 적응해야 하는 상황이 비일비재하게 발생한다. 그때부터는 개인의 전문성 문제라기보다 적응의 문제다. 이런 부서 이동의 과정을 거치면서 회사에 오래 남아있는 직원들의 능력은 서서히 하향 평준화된다. 그들은 자신의 전문성 부족을 극복하기 위해 사내 정치를 조장하기도 한다. 자연히 직장 내 개인들의 스트레스는 가중된다.

회사에 공석이 생길 때 회사가 그때그때 외부에서 적정 인력을 채용한다면 실직했던 사람도 다시 기회를 얻을 수 있어 채용 시장이 선순환된다. 하지만 리스크가 비교적 적은 사내 내부 채용이 직장 내에서 구조적으로 활성화되어 있어 채용시장 인력풀은 좀처럼 활성화되지 않는다. 취직하기 힘든 이유가 이런 구조적 문제에서 발생하기도 한다.

어차피 사정이 이렇다면 어느 팀에 배치되어도 자기 밥값 정도는 하는 사원이라는 평판이 직장생활 롱런의 지름길이다. 줄곧 영업만 해 오던 직원이 있다고 치자. 영업 업무는 대체로 한 달 주기로 업무가 반복되고 길게 보면 일 년이 열두 번으로 나뉘어 반복된다. 업무의 반복은 개인의 경력 업그레이드와 무관하다. 단지 반복적 업무 속에서 시간만 흐르고 나이만 먹을 뿐이다. 반복하는 일상을 무심하게 보내면 십 년의 경험을 가진 영업 사원이 아니라 일 년 영업 사원의 경력을 십 년간 반복하는 직원이 된다.

게다가 영업 환경이 오프라인에서 온라인으로 판도가 바뀌면서 예전부터 그가 경험하고 학습했던 영업 스킬이 통째로 바뀌는 경우도 있다. 거래처를 돌아다니며 점주들과 친분을 쌓거나 유대 관계를 통해 영업을 해 왔던 직원이 이제는 컴퓨터 앞에 앉아 하루 종일 인터넷에 올라오는 실시간 가격 정보만 들여다보며 시장 대응을 해야 하는 상황이다. 영업 환경이 이렇게 급격히 바뀌면 십년 차 영업 사원과 일 년차 영업 사원의 업무 성과나 전문성은 그간 지내 온 세월과는 무관하게 치부되기도 한다.

연공 서열 제도는 이미 사라지고 있다. 이런 경우를 대비하여 영업맨이라면 그와 연관 업무인 마케팅 부서에서도 경험을 쌓는 것이 좋지 않을까? 영업을 하면서 마케팅 업무까지 배우면 비즈니스에 대해 좀 더 넓은 시야를 가질 수 있다. 같은 영업 사원이라도 마케팅 업무를 이해하고 있다면 급수가 달라진다. 앞서 말한 일 년 영업 경험을 십 년 반복한 직원이 아니라 십 년 경험을 가진 직원으로 살아남을 수도 있다. 순환 보직이라는 명목으로 직원들을 소위 '부서 뺑뺑이'를 돌리는 회사는 그나마 괜찮은 회사다. 그런 좋은 회사에 다니지 않는다면 주기적으로 부서 이동을 원하는 나의 의도를 필요한 시점에 상사에게 알려야 한다. 회사가 알아서 부서를 돌려 가며 내 경력을 업그레이드해 주지 않는다. 나의 적극적인 어필이 필요한 부분이다.

또 다른 예를 들어보자. 자신이 재무 부서에서 일한다면 우선 부서 팀장이나 부서장이 될 수 있도록 그 분야에 전문성을 가져야 한다. 만약 그럴 역량이나 열정이 부족하다면 일단 부서에서 몇 년 정도는 알차게 경험하고 학습하는 것이 좋다. 언제라도 재무 부서에서도 일할 수 있는 정도의 직원이라는 평판이 쌓일 때까지 최선을 다해야 한다. 프로야구로 치면 대타가 필요한데 실력으로 치면 선발 출전 요원보다 못해도 선발이 부상일 때 잠시 대체할 정도의 실력은 갖춘 경우를 말한다. 그래야 회사를 옮길 때 이력서에 재무 부서 업무 경력이라도 한 줄 더 쓸 수 있다.

재무 부서가 나와 적성이 맞지 않다고 스스로 판단하면 그 부서에서 최소한의 경력을 쌓은 후 인사나 영업 등 다른 부서로 옮기는 노력이 필요하다. 본인 스스로 경험해 보지 않고 자신의 적성을 알기란 참 힘들다. 여러 부서 경험을 통해 자신의 진짜 적성을 파악해 두는 것도 의미가 있다.

작고하신 구본형 선생이 IMF 무렵에 쓴 책이 있다. 책 제목은 《익숙한 것과의 결별》이다. 내용도 참 좋았지만 제목 역시 참 신선했다. 직장에 오래 있을수록 익숙함이 곧 안락함이 되는 경우를 경계해야 한다. 신입 시절부터 '난 어떤 사람이야'라고 자신을 스스로 규정해선 안 된다. 내가 원하는 업무만 할 수 없는 것이 이 나라 직장생활의 현주소다. 공대를 졸업한 뒤에 영업하는 경우도 많고, 상경 계열을 졸업한 뒤에 IT 프로그래머로 일하는 경우도 많다. 대학 전공으로 자신의 적성을 섣불리 판단해선 안 된다. 인정하기 싫지만 이런 현상이 우리나라 진로 교육의 현주소다. 직장생활 중 이 부서 저 부서를 두루 경험해 보며 관리자급 정도 직급에 오르고 나서야 직장 내에서 앞으로 자신이 나아갈 방향과 자신의 적성이 희미하게나마 보이기 시작한다. 전문가를 추구하며 직장 내에서 외골수로 있지 말고 여러 가능성을 열어 놓자. 외골수는 우리나라 직장생활에 어울리지 않는다. 그것은 예술가나 혹은 의사나 검사 같은 전문 직업인들의 영역이다.

다시 한 번 말하시만 직장인은 아직 직업인이 아니다. 직장에서 퇴사해도 나의 능력으로 밥벌이를 할 수 있는 자신만의 능력을 갖춘 사람이 진정한 직업인이다. 진로 교육의 핵심은 이력서를 잘 쓰고 면접을 잘 봐서 직장에 취직하는 것이 아니다.

고용노동부가 주관하는 취업성공패키지나 한국고용정보원에서 주관하는 여러 진로 관련 프로그램을 보면 대부분 취직을 잘 하는 법에 초점이 맞추어져 있다. 입사 이후 진로에 대해서는 아무도 관심이 없다. 나라에서 세금을 들여 운영하는 프로그램에서 중요한 것은 취업률 같이 남들 앞에 드러낼 수 있는 구체적인 숫자다. 취업 후 개인 삶의 질이나 만족도처럼 수치화할 수 없는 지표에 나라는 결코 세금을 투자하지 않는다. 안타깝지만 경력 업그레이드 문제는 철저하게 개인이 풀어야 할 문제다. 그것에 대한 장기적 계획은 집어치우고 닥치면 잘 해낼 수 있는 임기응변의 적응력이 우선이다. 상황은 수시로 변한다. 일어나는 상황에 눈과 귀를 열어 두어야 한다.

직장생활의 정석

회사가 더 이상 나를 필요로 하지 않는다면 다른 곳에서도 나를 찾는 경우는 별로 없다. 이런 상황에 처하면 밤에 술집에서 술잔을 기울이며 동료들에게 이렇게 한탄한다.

"뼈 빠지게 회사를 위해 희생했더니 나를 이렇게 취급하네."

눈과 귀를 열지 않고 회사만 보고 열심히 일한 것이 죄라면 죄다. 성실한 것은 미덕이지만 요즘 세상에 스마트하지 못한 건 일종의 중죄다. 연공서열 제도가 이미 무너진 지금은 개인이 회사에 희생할 필요가 없다. 내가 던진 희생의 가치는 크게 돌아오지 않는다. 직장에서 희생하는 것처럼 보이는 것이 중요하지 진짜 희생은 개인에게 죄악이다.

직장은 살아가는 수단이지 내 삶의 목적이 아니다. 직장인이 아닌 직업인으로 살아가기 위해 거쳐야 할 곳 중 하나가 바로 직장이다. 직장에 있는 동안 눈과 귀를 열고 다양한 경험을 해 보자. 스토리가 바탕이 된 경험이 모여 나의 진정한 적성을 파악할 수 있다. 지필 검사가 아닌 경험을 통해 나의 적성을 제대로 알아야 향후 나아가야 할 등대를 발견할 수 있다.

직장생활을 하는 동안 내 적성을 파악하여 추후 직업인으로 재탄생할 수 있는 기반을 마련해야 한다. 내 젊음의 시간을 그저 월급과 바꾸는 것으로 끝나는 것이 아닌지 다시 한 번 고민해 볼 일이다.

14

경험을 통해
자신을 제대로 알기

다이달로스의 미궁을 빠져나가게 해 줄 아리아드네의
실타래는 바로 '자신이 어떤 사람인지 아는 것'에서
시작한다.

취직하기 힘든 시대다. 하고 싶어도 못해 보는 직장생활 또는
하기 싫어도 그것을 해야만 하는 상황이 안타깝다. 세상을 이렇게
만든 기성세대의 한 사람으로서 후배 세대에게 일부 책임감을 느
낀다. 또한 곧 성인이 되어 사회에 진입해야 하는 자식을 가진 부
모로서도 참 안타깝다.

내가 취업을 했던 1990년대 중반은 대졸자에게 취직이란 단어
는 그리 어려운 단어가 아니었다. 각 회사들은 가을 정기 공채 철
마다 학교에 들어와서 취업 설명회를 하고, 제발 우리 회사에 입
사하라며 입사 원서를 각 학과 사무실에 뿌렸다. 지금 생각하면
꿈같은 이야기다. 그만큼 취직이 쉬워서였는지 그 당시 대졸 예
정자들에게 취직은 졸업 후 항상 제일 나중에 선택하는 선택지
중 하나였다. '하다가 안 되면 취직이나 하지 뭐'라는 말이 공공연

할 정도로 대졸 예정자에게 취직할 곳은 널려 있었다. 당시엔 벤처 창업을 하는 사람도 많았고 좀 더 나은 일자리를 갈구하기 위해 대학원에 진학하는 사람도 많았다. 당시 대학원 학력은 취직을 할 때, 경력으로 인정해 줄 뿐 아니라 연봉도 기존 대졸자보다 조금 더 많이 받을 수 있었다. 또는 고시나 공무원 경쟁률도 지금과는 비교할 수 없을 만큼 낮았다. 진로에 대한 선택지가 다양하니 당연히 취업 경쟁률이 느슨한 것이 당연했다.

경기가 좋았던 예전 이야기를 꺼내서 죄송하다. 그 후 약 이십 년이 지난 요즘은 대졸자의 진로가 꽉 막혀 있다. 요즘 대학원 진학은 취직을 위해서라면 이득보다 오히려 걸림돌이 되기도 한다. 로스쿨 등장으로 그나마 신분 상승의 사다리였던 고시도 이제 물 건너가 버렸다. 그렇다고 열정과 아이디어만 가지고 벤처 창업을 할 수도 없다. 대체로 실패를 각오해야 한다. 행여 창업 후 사업이 연착륙하더라도 그 꼴을 우리네 대기업들이 가만히 보고만 있지 않는다. 곧 그들의 융단 폭격을 각오해야 한다. 우리 대기업은 인프라를 만들고 투자 저변을 확대해서 추가적 일자리를 만들어 중소 벤처와 상생할 수 있는 산업 구조를 만들기는커녕 남을 죽여야 내가 산다는 '땅따먹기식' 마인드로 무장한 지 오래다.

결국 예전엔 인기가 없어 마지막 선택지로 남았던 '취업'이 이젠 진로 선택에서 가장 최선의 선택지가 되어 버렸다. 백 년을 살아야 하는데 겨우 이십 년 만에 진로 선택지가 너무 많이 변해 버렸다. 남은 인생 동안 또 얼마나 큰 변화의 물결이 밀려올지 우리는 그 누구도 장담할 수 없게 된 현실에 살고 있다. 시대 변화에 적응하라고 말할 순 있겠지만 어쩐지 서글프다.

취업의 바늘구멍을 힘들게 뚫은 직장인들은 그나마 운이 좋은 것이다. 이렇게 힘들게 취업했지만 대체로 입사한 지 몇 년이 지나지 않아 정신적 고비가 오게 된다. '내가 이거 하려고 취업했나? 자괴감이 든다. 나랑 맞지 않아, 스트레스가 너무 심해, 앞이 안 보여, 비전이 없어, 너무 지쳐서 그냥 좀 쉬고 싶어' 등의 갈등이 엄습한다.

금수저를 물고 태어나 그저 경영 연습이나 해 보고 사회 경험을 위해 취업한 사람이 아니라면 우리 대부분의 '흙수저'들은 직장이란 항상 뜨거운 감자 같은 존재. 그나마 취업에 성공하여 몇 년 직장생활을 경험한 우리들은 어느 시점에 이르러 마치 미로에 빠진 쥐 신세가 된다. 미로 안을 돌아다니다 보면 간간이 치즈가 눈에 보인다. 그걸로 배를 채우지만 왠지 모를 허기가 남는다. 미로를 빠져나갈 길을 찾기도 힘들지만 출구를 찾아도 매월 꼬박꼬박 내 앞에 놓이는 치즈 때문에 용기 있게 미로 밖으로 나서지도 못한다.

그렇게 시간은 흐르고 나이를 먹는다. 결혼하고 아이 낳고 늙는다. 결국 우리는 그리스 신화에서처럼 대장장이 다이달로스가 만든 월급쟁이의 미궁에 갇힌다. 그 미궁엔 인간을 잡아먹는 미노타우르스가 있다. 미노타우르스를 때려잡을 수 있었던 용사 태세우스의 용기와 힘이 없다면 우리는 여간해선 직장생활의 미궁에서 쉽게 빠져나오지 못한다.

정말 딜레마다. 입사하기조차 힘든 직장에 막상 들어가도 직장인은 항상 그곳에서 탈출을 꿈꾼다. 가진 것 없이 흙수저로 태어나 이 나라에서 사는 것 자체가 다이달로스의 미궁 속 생활이다. 그렇다면 직장생활의 미궁에서 빠져나오려면 어떻게 해야 할까. 방법은 두 가지다. 모든 것을 바쳐 거기서 장렬하게 죽는다. 아니면 신화 속 태세우스가 그랬던 것처럼 아리아드네 공주로부터 실타래를 얻고 실천적 계획을 바탕으로 스스로 빠져나오는 것이다. 아무 대책도 없는 중도 포기는 논외로 하자. 그건 수많은 취업 준비생에게 책상 한 자리 기회를 없애는 일이라 게임의 규칙에 어긋난다.

미로를 빠져나가게 해 줄 아리아드네의 실타래는 바로 '자신이 어떤 사람인지 아는 것'에서 시작한다. 많은 사람은 자기 자신이 어떤 사람인지 잘 모른다. 새끼 백조인지도 모르고 오리들 품에서 평생 자신이 오리라고 생각하며 살기도 한다. 이런 경우 직장에서의 일이 잘 풀리거나 재미있을 리가 없다. 자신이 어떤 사람인지 알려면 고용노동부 홈페이지에서 무료로 제공하는 흥미검사나 적성 검사 따위로는 부족하다. 흥미나 적성 검사 또는 성격 검사는 몇 가지 틀을 만들어 놓고 그 범주 안에 사람을 구분 짓는다. 그 많은 사람이 한데 어울려 사는데 내가 남과 같을 수는 없지 않은가. 내가 답을 체크하는 자기 보고식 지필 검사는 참고는 하되 맹신은 말자.

경험의 질이 중요하다

그렇다면 내가 어떤 사람인지 알기 위해서는 무엇이 중요할까.

현인들은 스스로 깨우친다. 그런 사람을 우린 도인이라 부른다. 우리는 도인이 아니다. 우리가 스스로 깨우치기 위한 가장 좋은 도구는 역시 경험이다. 경험은 독서처럼 간접 경험이 있고, 몸으로 직접 체험하는 직접 경험이 있다. 직장인이 된 후 스스로 깨어나기 위한 진짜 '경험'을 얻으려면 의도적 노력이 필요하다. 가장 현실적인 조언은 모든 일에 스스로 동기부여를 하는 것이다.

직장생활을 하는 동안 내가 좋은 일만 할 수는 없다. 때로는 하기 싫은 일도 해야 한다. 하지만 지시에 의해 또는 억지로 그 일을 하다 보면 그것이 스트레스로 다가오고 언젠가부터 회의감이 밀려온다. 그런 유쾌하지 않은 경험도 내게 보약이 되리라는 믿음을 가져 보자. 이것도 도인의 몫인가? 그렇지 않다. 의지와 생각의 문제다. 직장생활을 끝까지 할 수 없다고 판단하면 미궁에서 빠져나갈 디데이(D-day)를 정해야 하고 그것을 위해 차근차근 실천해야 한다. 시간은 내게만 머물러 주지 않는다. 매년 나이 먹는 것을 두려워해야 한다.

혹자는 직장생활을 당장 때려치우고 자신이 원하는 일을 하라고 무책임한 조언을 하기도 한다. 또는 소비를 줄이라고 하기도 한다. 당장 건강 보험료도 내야 하고 아파트 관리비도 내야 한다. 가만히 집에서 숨만 쉬고 살아도 여기저기 돈 들어갈 일이 천지다. 당장 직장을 그만두고 자신이 원하는 일을 하라는 조언은 좀 무심하다. 자신이 원하는 일이 돈이 되는 일인지 고민해야 한다. 많은 사람이 자신이 진정 원하는 것이 뭔지 잘 모른다. 또 먹고 살아야 하는 현실적인 문제는 어떻게 해결해야 하나? 기대 수준을 줄이라고? 그건 철학의 문제다. 젊어서부터 달관한 철학자가 될 수는 없다. 결국 직장생활 궁극의 목표는 월급쟁이의 미궁을 탈출하여 자립할 수 있는 직업을 가지는 것이다. 이것이야말로 진로지도의 핵심이다. 다음 달 돌아오는 신용카드 대금을 막기 위해 오늘도 직장에서 버티는 최악의 상황은 면해야 한다.

다시 본론으로 돌아가 경험에 대해 이야기해 보자. 직장생활 중 한 분야 전문가를 지향하기보다 여러 분야를 경험하면서 경력을 쌓으면 좋다고 말했다. 전문가가 우대 받는 사회라고 하지만 직장을 다니면서 시장에서 통할 만큼 나만의 전문성을 쌓기는 쉽지 않다. 그게 가능하다면 물론 그렇게 하면 좋다. 하지만 그렇지 않다면 여러 부서에서 다양한 일을 경험해 보자. 목적은 내가 어떤 사람인지 알기 위해서다. 운 좋으면 그중에서 내가 진정 잘하거나 적성에 맞는 일을 만날 수도 있다. 취미 활동도 마찬가지다. 내가 하는 여가 활동을 단지 직장 스트레스에서 벗어나기 위한 해방구만으로 판단하지 말자.

취미를 넘어 진지하게 접근해 보자. 취미가 곧 직업으로 발전하는 경우도 많다. 영화나 요리가 취미라면 관련 블로그를 제대로 운영해 보며 대중의 평가를 받아 보자. 잘 풀리면 출판사에서 책을 내자는 권유를 받을 수 있도 있다. 물론 오랜 시간과 정성이 필요하다. 투자 없는 결과가 로또 말고 어디 있겠는가.

결론은 이렇다. 뭐든지 직접 해 보지 않으면 알 수 없다. 물론 이것저것 실행하면서 시행착오를 겪고 많은 상처를 얻을 것이다.

하지만 아직 젊기에 버틸 수 있는 힘이 있다. 상처가 나고 아무는 것이 반복되면서 지혜가 생기고 상황에 대한 내성이 생긴다. 직장은 힘내라며 내게 월급도 준다. 그것이 모여 남은 인생을 살아갈 힘이 된다.

자신이 내성적이라면 책을 통해 간접 경험을 많이 얻을 수 있고, 외향적이라면 사람과의 만남을 통해 다양한 경험을 얻을 수 있다. 책이든 사람이든 다양한 경로를 통해 여러 선배나 현인들이 살아가는 방법을 알아가면서 내가 사는 방법이 꼭 정답이 아닐 수 있음을 깨닫게 된다. 개인 성향에 따라 방법은 다르겠지만 새로운 것을 두려워해서는 안 된다.

자기계발서를 쓰는 많은 작가들이 그렇게 말해 왔던 '변화'라는 단어가 결국 '경험을 얻는 과정'으로 귀결된다. 기업의 오너가 될 꿈을 가지지 않았다면 직장생활은 결코 내 귀중한 삶의 최종 목적지가 아니다. 직업을 가지기 위해 직장은 거쳐 가는 장소라고 생각하면 좋겠다. 거기에 머물러 있는 동안 내가 누구인지, 뭘 잘하는지, 나 스스로 무엇을 원하고 있는지를 탐구해야 한다.

여행이든 독서든, 타인과의 만남을 통해서든, 사주 명리학을 배워서 스스로 터득하든 방법은 각자 성향에 따라 알아서 할 일이다. 자신이 누구인지, 어떤 사람인지 깨닫는다면 이후의 삶은 회사 사장을 위한 삶이 아닌 나 자신을 위한 삶이 되리라 확신한다.

어릴 적 상처는 흔적을 남긴다

굿 윌 헌팅(Good Will Hunting)

언젠가 부친은 내게 말했다. 남자는 도둑질 말고 뭐든지 다 해 봐야 한다고. 좀 가부장적 뉘앙스가 있지만 맞는 말이었다. 좀 더 풀어서 말하면 이렇다.

'사람은 나쁜 경험 말고 뭐든지 다 해 보는 것이 좋다.'

긍정적 경험은 말할 것도 없다. 때로는 나쁜 경험도 약이 된다. 하지만 한 개인에게 나쁜 경험이 지속되면 그것을 받아들일 수 있는 대단한 내공이 있지 않고서는 그 사람에게 좋은 영향을 미칠 리 없다.

'트라우마(trauma)'라는 전문 용어가 괜히 회자되는 것이 아니다. 트라우마 말고도 심리학 용어 중 '학습된 무기력(Learned Helplessness)'이란 용어가 있다. 대학 전공 수업 시간에 이 용어를 처음 접했을 때까지도 '무기력'이란 영어 단어가 'helplessness'인지 몰랐다. '힘력(力)'이란 한자 어근에 'power'가 아닌 'help'를 쓰는 것이 이채롭다. '하늘은 스스로 돕는 자를 돕는다'라는 말처럼 영어권 사람들은 자기 스스로를 도울 수 없는 상황을 무기력이란 말로 이해하는 것 같다. 맞는 말이다. 무능력보다 더 경계할 단어가 무기력이라 하지 않았던가.

'helplessness' 또는 '무기력'이란 단어의 어원은 쥐에게 지속적으로 전기자극을 주며 쥐의 행동패턴을 보고자 하는 심리학 실험 상황에서 유래한다. 도망갈 곳 없는 공간에서 지속적인 전기 자극을 받은 쥐들은 마침내 자포자기의 행동 양식을 나타낸다. 자신을 더 이상 스스로 도울 수 없는 상황을 지속적으로 학습한 쥐가 나타내는 행동이 곧 무기력이다.

이런 결과는 사람의 경우에도 마찬가지다. 한 사람에게 감당할 수 없는 경험이나 자극이 반복되면 그 사람은 어느 순간부터 극심하게 무기력해지거나 그 반작용으로 일탈 행동을 보이기도 한다. 한 개인에게 나쁜 경험을 했던 시기가 유아기나 청소년기에 집중된다면 그 개인에게 무기력이나 일탈 행동의 반작용은 더 커진다. 나쁜 경험이란 일반적으로 우리가 익히 알고 있는 것들이다. 가정 폭력이나 부모의 이혼 같은 부정적인 것을 말한다. 이전 장에서 경험은 나를 알기 위한 기초 과정이라고 말했다. 나를 탐구하기 위해 좋은 경험만 골라서 하면 좋으련만 사람 일이란 그렇게 되지 않는다.

'경험을 통해 나를 제대로 알기'라는 주제로 글을 적으면서 문득 〈굿 윌 헌팅(Good Will Hunting)〉이 생각났다. 심리 치료의 전형을 보여주는 멋진 영화다. 이 영화의 내용을 심리 치료 임상 분야의 교재로 써도 아주 훌륭할 것 같다.

상처 받은 정신의 치유 과정을 그린 영화

남자 주인공 윌 헌팅(맷 데이먼)은 어렸을 적 가족에 얽힌 안 좋은 경험을 지속하여 무기력한 유년시절을 겪는다. 청년이 된 주인공은 암울했던 어린 시절의 반작용으로 일탈 행동을 일삼는다. 과거의 좋지 않았던 경험이 반복되면서 주인공 내면에는 언제나 그것을 해소하고 싶은 분노가 치밀고 있다. 그 보상 심리로 그는 폭력성을 보이기도 한다. 그리고 남에게 자신의 속내를 드러내지 않으려 한다. 더 이상 타인으로부터 상처 받지 않으려는 일종의 회피 행동이다. 주인공은 이제 갓 스무 살이지만 어릴 적 가족으로부터 많은 상처를 받았다.

어릴 적 상처는 그에게 성인이 되어서도 지울 수 없는 생채기를 남겼다. 그래서 그런지 그는 매사에 까칠하다. 수학 천재인 자신을 바로 보지 못하고 환경 미화원이나 육체 노동자처럼 자신과 어울리지 않는 신분이 되기를 자처한다. 남에게 먼저 다가서지도 못한다. 그나마 관계를 맺는 건 자신을 이해해 주는 시시껄렁한 몇몇 동네 친구들뿐이다. 심리학에서 말하는 '자기방어기제(Self Defense Mechanism)'가 발동하여 주인공은 자신의 솔직한 감정에 언제나 방패를 친다. 더 이상 상처 받는 것을 자신도 모르게 두려워하기 때문이다.

그러던 중 그 앞에 멘토 한 명이 나타난다. 주인공의 수학적 능력을 알아본 한 교수의 소개에 의해 주인공은 정신과 의사(로빈 윌리암스)를 만나게 된다. 그와 지속적인 상담을 통해 주인공은 그간의 응어리진 갈등을 풀어 낸다는 감동적인 이야기다.

이 영화를 보면서 우리나라 정신과 의사인 최광현이 쓴《가족의 두 얼굴》이란 책이 생각났다. 이 책 내용을 한 줄로 요약하면 '어릴 적 상처는 흔적을 남긴다'이다. 특히 가장 가까이에 있는 가족은 때로는 두 얼굴이 되어 서로에게 깊은 상처를 주기도 한다. 가족이 항상 도움을 주고 비빌 언덕이 되어 주는 것은 아니다. 가장 가까운 가족에게서 얻은 마음의 상처는 본인이 노력하지 않으면 극복해 내기 힘들다. 그 상처로부터 벗어나기 위한 보상 심리나 반작용으로 사회적 일탈 행위를 할 수 있고, 상대에게 더 많은 고통을 주는 행위로 발현되는 경우가 많다. 그렇게 형성된 자신의 '삐딱한' 성격은 평생 자신을 괴롭힌다.

영화 속 정신과 의사는 우선 주인공과 '라포(Rapport)'를 만들고자 한다. 의사와 환자 간의 친밀한 관계나 믿음을 '라포'라고 한다. 이는 정신과 치료에 선행 과제다. 그렇지만 둘 간의 라포 형성은 쉽게 이루어 지지 않는다. 주인공이 의사에게 마음을 쉽게 열지 않기 때문이다. 둘 간의 상담 과정에서 정신과 의사는 자신이 가진 과거의 아픈 상처를 주인공에게 노출한다. 그러면서 서로가 상담자가 되기도 하고 내담자가 되기도 한다.

곡절 끝에 의사와 환자 사이에 믿음이 형성된 후 의사가 주인공에게 행한 가장 중요한 처치는 자신의 내면을 스스로 직면하게 하는 것이었다. 의사는 과거의 상처가 '자신의 탓이 아님을(it's not your fault)' 환자에게 지속적으로 알려 준다. 주인공은 자신을 힘들게 만드는 상황이 자신 탓이 아님을 그제야 깨닫는다. 갈등이 해소되는 순간이다. 그는 격한 눈물을 흘리며 자신 내면에 쌓였던 그간의 갈등을 깨끗이 해소한다. 두 사람이 눈물을 흘리며 서로에게 마음을 열고 포옹하는 장면에서 나도 그만 펑펑 울고 말았다.

승부의 시작은 나 자신을 제대로 직면하는 일에서부터

중년을 훌쩍 넘겨서야 비로소 느껴 보는 중요한 점이 한 가지 있다. 그것은 바로 '나 자신을 제대로 직면하는 일'이다. '지피지기면 백전백승'이란 말도 있지만 너무 흔한 말이라 어쩐지 잘 와닿지 않는다. 대부분의 사람이 '지피지기' 하지도 못하며 또한 '백전백승'도 하지 못하고 있다. 그만큼 자신을 잘 알지 못하고 있다는 방증이기도 하다.

나를 제대로 인식하기 위해서는 많은 경험이 필요하다. 그 경험이 내 안에 쌓이면서 '장래에 무엇이 될까'에 대한 욕구가 생긴다. 그 욕구는 남이 원하는 것인지 내가 원하는 것인지 잘 구분해야 한다. 남들이 내게 바라는 욕구가 아닌 자신의 욕구를 잘 들여다보면 더 만족스런 삶을 살 수 있을 것 같다. 흔히 말하는 '성공'의 의미를 다시 생각해 볼 여유가 생긴다. 내가 어떤 사람인지 나 자신을 직면하고 타인이 아닌 나의 욕구에 충실한 삶이 결국 성공적인 삶이라 생각한다. 조상의 음덕이나 부모 덕을 받아 금수저를 물고 태어나지 못한 것은 결코 내 잘못이 아니다. 낙담하거나 실망할 일이 아니다. 자신의 노력에 의해 삶은 얼마든지 변한다.

영화 몇 편이나 책 몇 권에 의해 사람은 쉽게 변하지 않는다. 하지만 잘 고른 영화에 두 시간 투자하여 카타르시스를 느낄 수 있다면 그 자체로 충분한 가치가 있다. 〈굿 윌 헌팅〉, 이 영화를 내 인생의 영화로 손가락 하나를 기꺼이 배정한다. 좀 철 지난 영화지만 아직 못 봤다면 꼭 보길 권한다.

15

가늘고 길게 살기 위한
필수 조건, 건강 관리

고작 직장생활 십 몇 년에 건강을 해친다면 이후 훨씬
더 많이 남아있는 내 삶이 답답해진다.

나의 삼촌은 직장을 다니던 중 젊은 나이에 위암에 걸려 돌아가셨다. 삼촌은 당시 잘나가는 중견 기업 영업맨이었다. 격무 때문인지 술도 아주 많이 마셨다. 영업 실적 압박에 스트레스가 이만저만이 아니셨을 것이다. 삼촌이 없는 그 회사는 지금도 아주 잘나간다. 결국 죽은 사람만 억울하다.

내가 직장생활 하던 초임 대리 시절 내 팀장은 술고래였다. 우리 팀원들은 술 때문에 정말 많이 고생했다. 팀 회식 날이 정해지면 그날은 정말 피곤했다. 우리 팀장은 술자리를 가질 때마다 술집 종업원에게 우동 사발을 달라고 요구했다. 팀장은 그 큰 사발에 소주를 두어 병 가득 채웠다. 팀장은 그 술을 '충성주'라고 불렀다. 팀장은 직원들이 앉아 있는 순서대로 '우동 사발 뺑뺑이'를 돌렸다. 내가 많이 마시지 못하고 다른 팀원에게 사발을 넘기면 남은 술은 남아 있는 팀원들 몫으로 돌아간다. 술 사발이 돌고 돌아 다시 원점으로 돌아올 때는 반드시 빈 잔으로 돌아와야 했다. 그게 그 팀장이 만든 규칙이었다. 자리에 앉자마자 우동 사발을 몇 순배 돌리고 나서야 본격적인 술자리가 시작되었다. 술을 마시지 못하는 직원에겐 그 자리가 그야말로 고문이었다.

결국 그 팀장은 통풍에 걸려 어느 순간 술을 끊었다. 통풍뿐 아니라 술로 인해 임산부 같았던 그의 뱃속에도 분명 건강을 위협하는 요소가 많았을 것이라 짐작해 본다. 팀장이 정말 술을 끊었는지 모르겠지만 어쨌든 의사로부터 더 이상 술을 마시지 말라는 강력한 경고를 받은 것은 사실이다. 팀장이 술 때문에 건강을 잃고 대신 뭘 얻었는지 궁금하다.

나는 직장생활 내내 11인치 화면이 달린 조그만 노트북만 들고 업무를 봤다. 노트북이 작고 가벼워 이동이 잦은 업무 특성상 편리했다. 처음에는 화면 속 글자 크기가 작아서 좀 불편했는데 인간은 역시 적응의 동물인지라 금세 익숙해졌다. 하지만 글씨가 잘 안 보이면서 고개를 액정 화면에 처박고 보는 것이 습관이 되어 지금 거북목 증후군을 겪고 있다. 내 목은 앞으로 구부러져 있다. 그것 때문인지 모르겠지만 지금은 노안이 너무 일찍 와 버렸다. 요즘은 스마트폰 때문에 30대 청년층도 간혹 노안이 온다고 한다. 사무실에서라도 노트북을 화면이 큰 모니터에 연결해서 썼으면 내 눈 상태가 좋았을 텐데 지금 생각하면 후회스럽기만 하다. 우리 몸은 소모품인데 직장생활 하면서 너무 내 건강을 해친 것은 아닌지 반성해 본다.

건강이 중요하다고 누구나 말하지만 정작 우리는 그 사실을 간과한다. 누구나 20~30대 젊은 나이에 직장생활을 시작하기에 건강 악화는 자신과 무관하다고 생각한다. 당장 내게 와닿는 문제가 아니기 때문에 건강 문제는 언제나 나와 멀리 떨어져 있는 김 팀장만의 이야기라고 생각할 뿐이다. 여기가 가장 중요한 부분이다.

우리는 직장생활을 하면서 내 젊음의 시간을 월급과 바꾼다. 한창 팔팔한 내 젊음을 고작 돈 몇 푼과 바꾼다면 일견 안타까운 일이다. 하지만 직장생활은 돈이 전부가 아니다. 커리어를 쌓을 수 있고 돈을 받아가며 여러 경험도 할 수 있어서 적은 월급에도 내 시간을 투자하는 것이 그리 아깝지 않다.

직장생활은 직업을 가지기 위한 중간 과정이라고 앞서 이야기했다. 건강 문제가 염려되어 직장을 다니지 않은 건 어리석다. 하지만 그 과정에서 정상적 노화 과정 이상으로 건강을 해친다면 문제는 달라진다. 직장생활을 하는 기간보다 퇴직 후 살아갈 기간이 몇 배는 더 길기 때문이다. 고작 직장생활 십 몇 년에 건강을 해친다면 이후 훨씬 더 많이 남아 있는 내 삶이 답답해진다.

그렇다면 어떻게 해야 할까. 가지도 않을 헬스클럽이라도 등록해야 할까. 하지만 현실적으로 직장생활과 운동을 병행하긴 쉽지 않다. 헬스클럽이나 영어 학원 등록률이 연초에만 유독 높은 것도 다 이유가 있다. 사람이기에 어쩔 수 없는 부분이기도 하다.

운동선수가 아니라면 직장인은 생활 속에서 운동을 해야 한다. 엘리베이터 대신 계단을 이용하든지 출퇴근 할 때 몇 정거장 뒤에 내려 걸어보든지 등. 눈 건강을 위해서라면 큰 모니터를 사용하자. 50분 업무를 한 뒤 10분 정도는 눈을 감거나 먼 곳을 보며 휴식을 취한다.

그래도 직장생활에서 가장 큰 건강의 적은 역시 스트레스를 동반하는 야근과 술이다. 직장생활 동안 이것들은 피할 수 없지만 의도적으로 줄여야 한다. 낮에 비효율적으로 일을 해서 야근이 필요하다면 내 업무 습관을 다시 돌아봐야 한다. 팀장이 일찍 퇴근을 안 시켜 줘서 어쩔 수 없이 야근을 한다면 당당히 먼저 퇴근하겠노라고 말할 용기가 있어야 한다. 단, 평소에 일을 잘한다는 전제 조건이 있어야 한다. 일도 제대로 못하면서 자기주장이 강한 사람은 미운털 박히기 쉽다. 먼저 퇴근하겠노라고 말하는 것이 현실적으로 불가능할 수도 있다. 대체적으로 눈치는 좀 봐야겠지만 때로는 당당해야 한다. 나의 건강이 걸린 문제다. 팀장이 이런 나를 싫어해서 나를 타 팀으로 보낸다면 '감사합니다' 하고 팀을 옮기면 된다. 당신이 나름대로 업무를 잘한다면 팀장은 당신을 타 팀에 보낼 리 없다.

이렇듯 직장 상사와 팀원 간의 관계가 좋지 않아도 팀장 입장에서는 탁월한 업무 능력을 가진 사람과 어쩔 수 없이 함께한다. 일종의 애증 관계다. 어차피 직장 내에서 친구나 가족 같은 인간관계를 바라서는 안 된다. 우물에서 숭늉을 찾는 꼴이다. 신입 시절부터 그럴 순 없지만 조금씩 연차가 오르면 팀장과 제대로 이야기해 보자. 주간 업무 시간에 정말 열심히 일했음에도 야근이 필요한지. 그럼에도 계속 야근 패턴이 지속된다면 추가 인원 채용이 필요한 것이다. 한시적인 경우가 아니고 지속적 야근 패턴이 반복된다면 타 부서나 타 회사 이직을 꾀하는 것이 나을 수 있다. 야근이 일상인 회사치고 괜찮은 회사는 없다. 기억하라. 관리자와 그런 이야기를 할 수 있는 전제 조건은 일단 자신이 일을 잘해야 한다는 것이다.

건강 최대의 적은 술

술 싫어하는 사람은 말할 것도 없지만 술자리를 좋아한다고 여기저기 감초처럼 술자리를 찾아다니는 것은 아닌지 고민해 보자. 내가 이 회사 사장이 되기로 마음먹었다면 여기저기 술자리를 찾아다닐 필요는 있다. 이런 경우라면 술자리도 업무의 연장이다.

직장생활을 하면서 술자리 자체를 피할 순 없다. 대신 술자리에서 술을 덜 마시기 위해 자리를 잡는 법이나 그 자리에서 술을 덜 마시는 요령을 인터넷을 검색하거나 책을 사서라도 배우기 바란다. 난 건강을 위해 술을 마시지 않는다고 직원들에게 선언해서 괜한 미움을 살 필요는 없다. 때로는 술도 업무의 일부인지라 자리는 즐기되 술은 가급적 덜 마시는 요령이 필요하다.

알다시피 술은 자체적으로 칼로리가 많다. 같이 먹는 안주는 말할 것도 없다. 매일 저녁 술자리에 불려 나간다면 머지않아 배가 산처럼 나올 것이다. 한 번 삐져나온 배는 여간해서 복구되지 않는다. 입사할 때 평평했던 배가 시나브로 튀어나오기 시작하면 위험 신호다. 업무 스트레스에 이어 섞어 마시는 술과 기름진 안주 그리고 매캐한 담배 연기까지 한껏 들이키는 일이 반복된다면 건강했던 몸도 이상증세를 보낸다.

술은 그저 업무의 연장일 뿐이다. 나로 인해 분위기를 깨지 않으면 그만이고 난 술자리에서 최대한 얻을 수 있는 것을 얻으면 된다. 업무 시간에 차마 나타나지 않았던 직원들의 본심이나 사내 고급 정보가 술자리에서 발현되는 경우가 많다. 그것을 잘 주워 먹으면 된다. 술자리가 업무의 연장이란 말이 이런 사유 때문에 생긴 것 같다. 다만 술자리도 업무이기 때문에 절대 자기 돈으로도 술을 먹으면 안 된다. 그러면 건강뿐 아니라 돈도 잃는다.

술 대신 직장생활에 만족감을 줄 수 있는 건전한 취미를 찾아보자. 그럼 술 생각이 좀 덜 나거나 술에 돈 쓰는 것이 무지 아깝지 않을까. 술값을 치를 때마다 누구든 제정신이 아니기 때문에 술집에서 지갑을 들고 카운터로 향하는 사람은 언제나 불리하다. 생각해 보면 자기 돈으로 먹는 술값만큼 아까운 돈도 없다. 그 돈을 어떻게 벌었는지 생각해 보라.

16

세상은 넓고
또라이는 많다

다른 팀에 가도 비슷한 또라이가 존재한다. 바로 이곳
이 직장이다. 새로운 또라이들을 매일 만나야 하기에
회사는 내게 월급을 준다.

내가 고등학교 때 이야기다. 어느 날 야간 자율 학습(야간 강제 학
습?)을 빼 먹고 친구와 함께 동래 온천장 입구 스파극장에 갔다.
당시 그 동네에선 스파극장, 온천극장, 동성극장이 성업 중이었
다. 그때 우리는 스파극장에서 상영하는 가수 전영록 주연의 〈돌
아이3〉를 봤다. 당시 잘나가는 대중 가수이자 배우까지 겸업했던
전영록은 모든 것을 다 가진 연예인이었다.

그 영화에서 전영록이 맡았던 배역 '돌아이'의 성격은 대충 이
랬다. 좀 맹하고 엉뚱하다. 불의를 참지 못하고 항상 분주하다. 쓸
데없이 남 일에 참견하다가 손해 보기 일쑤다. 좀 특이하고 이상
하다. 하지만 우리의 돌아이는 언제나 정의의 편에 섰던 긍정적인
캐릭터였다.

영화에서 내가 본 돌아이 캐릭터의 느낌은 이랬다.

'쉬운 길을 놓아 두고 굳이 어려운 길을 택하는 사람, 머리가 돌처럼 나쁜 사람이 아닌 그저 순수한 사람.'

작고하신 노무현 전 대통령 별명이 '바보 노무현'이었지만 그분이 이 영화가 개봉했던 80년대 말에 돌아가셨다면 '돌아이 노무현'이란 별명이 붙었을지도 모른다. 그때까지만 해도 다소 긍정적 느낌이었던 '돌아이'라는 단어가 언젠가부터 '또라이'라고 변형되어 회자되었고 그 특유의 어감과 함께 의미도 부정적으로 변했다. 언어의 생명력을 느낄 수 있는 부분이다.

또라이는 어느 직장에나 존재한다. 그것도 아주 많이

직장에서 언제나 통용되는 명언이 하나 있다. 바로 '또라이 질량 보존의 법칙'이다. 직장 내에서 또라이는 대체적으로 아랫사람이 윗사람에게 짓는 별칭이다. 온통 부정적인 뜻만 가득 담은 단어로 쓰인다. 직장 내에서 또라이는 수백 가지 유형이 있지만 내가 알고 있는 몇 유형을 열거한다면 아래와 같다.

1. 회사나 직속 상사에 과잉 충성하기 위해 아랫사람 달달 볶는 상사. 이 경우 업무 성과는 대체로 그 상사 혼자 독식하는 경우가 많음.

2. 머리가 무지 나쁜데 쓸데없이 부지런해서 아랫사람을 괴롭게 하는 상사. 이들은 대체로 무식한데 부지런해서 각각 앞 글자를 따서 '무브(move)'라고 부름. '무브'는 영어의 뜻 그대로 타

부서로 '이동'해야 할 대상자를 말함.

3. 특이한 것까지는 봐 줄 만한데 꼭 아랫사람에게 피해를 주는 상사.

4. 그 나이 먹도록 업무 능력 자체가 부족한 상사.

5. 꼭 퇴근 시간에 임박해서 일을 시키는 상사.

6. 퇴근 후에도 스마트 폰을 통해 부하들을 괴롭히는 상사.

7. 술버릇이 좋지 않은 상사.

8. 권한도 제대로 이임하지 않으면서 부하들에게 책임만 전가하는 상사.

9. 아랫사람에 대한 훈계가 곧 자신의 권위라고 생각하는 상사.

10. '나는 이랬다'면서 옛날이야기를 자주 꺼내는 상사.

요즘은 또라이 대신 '아재'나 '개저씨' 정도로 변형되어 불리는 경우도 있다. 어느 직장을 가도 또라이는 몇 명씩 꼭 있다. 또라이 한 명 없는 직장은 파라다이스다. 직장생활을 하면서 또라이 없는 낙원을 꿈꾸지 말고 제발 또라이가 한 명이라도 덜 있기를 바라는 것이 더 합리적일 것 같다.

그들을 또라이라고 부르는 나의 심리는?

이런 상황을 가정해 보자. 나는 우리 팀 김 팀장을 또라이라고 부른다. 물론 밖으로 드러내고 그렇게 부르진 않는다. 나는 동료들과 같이 있으면 김 팀장을 도마 위에 올리고 난도질한다. 동료들도 역시 김 팀장을 또라이라고 생각한다.

　잘 생각해 보자. 남을 또라이라고 부르는 것 이면에는 묘한 심리가 숨어 있다. 남을 깎아내리는 것으로 나를 추켜세우고 싶은 욕망이 숨어 있는 건 아닌지 생각해 보자. 도마 위에 올려진 사람에 대한 열등감이라기보다 남을 깎아내리면 내가 돋보일 것 같은 그런 심리가 아닐까 싶다.

　흡연실에서 한 동료에게 김 팀장에 대해서 나는 이렇게 투덜댄다.

　"김 팀장이 이런 업무를 지시했는데 내 생각엔 정말 비효율적인 것 같아. 이렇게 하면 더 좋을 건데. 김 팀장 정말 또라이 아냐?"

　이 말을 하는 나의 속뜻은 이렇다.

　'나는 김 팀장처럼 그렇게 비효율적으로 일하지 않아. 난 효율을 중시해. 그래서 김 팀장보다 훨씬 능력 있고 스마트하지. 난 능력이 부족한 또라이 김 팀장하고 완전 다르다는 것을 동료인 니들이 알아줬으면 해.'

　남을 비하하거나 깎아내리면 내가 더 돋보인다는 생각은 누구나 할 수 있는 인간의 본성이다. 인간 본성을 떠나 일단 속이 후련하다. 하지만 좀 더 연륜이 쌓이면 이런 행위는 성숙하지 못한 행위라는 사실을 금세 깨닫게 된다. 남을 깎아내리지 않아도 내가 능력이 있다면 아무 문제없다. 주머니 속 송곳은 자연스럽게 주머니를 뚫고 튀어나오게 되어 있다. 설령 자신이 '낭중지추(囊中之錐)'가 못 된다고 해도 약간의 자기 PR 요령만 익힌다면 얼마든지 스스로 발광할 수 있다.

　남을 깎아내려야 내가 돋보일 것이라는 생각은 분명 잘못된 생각이다. 같이 일하는 직장 상사나 동료를 비하하지 말기를 권한다. 그도 남의 집 귀한 자식이고 한 가정의 가장이다. 언제 회사에서 나가라고 할지 모르는 처지에 놓인 건 그나 나나 마찬가지다. 둘 다 그저 월급쟁이 신세일 뿐이다. 조직의 특성상 팀원들끼리 옹기종기 모여 같이 일하는 시간은 그리 길지 않다. 요즘처럼 툭하면 조직 개편이니 구조 조정이니 하는 시대에 조금만 참아 보자. 서로 다름을 인정한다면 직장생활은 한결 더 수월해질 것이다.

　직장에 그저 용돈을 벌기 위해 재미 삼아 오는 직원은 없다. 핑계 없는 무덤이 없듯이 우리 모두 나름대로 사연이 있고 절박함도 있다. 금수저를 물고 태어난 사람이나 진짜 능력이 탁월한 직원은 내가 다니는 이 직장에 나와 함께 오래 머무르지 않는다. 그러므로 나를 포함하여 직장에서 매일 대하는 내 주변인들은 모두 각자의 절박한 사연들을 가지고 이곳에 모인 생활인들이다. 먹고사는 문제만큼 중요한 것이 또 있을까. 한 달 월급이 절박한 생활인들의 집합체가 바로 직장인 것이다. 하필 그중 또라이가 몇 명 있을 뿐이다. 학창 시절에 똑똑했던 사람도 직장에 들어오면 이내 생활인이 되고 또 그 과정에서 또라이가 되기도 한다. 누가 입사해도 하향 평준화되는 한국의 직장 문화는 참 특이하다.

　각종 또라이들과 하향 평준화된 무리 속에 속해 있어도 중요한 것은 '나는 그들과 같은 부류가 되지 말자'라는 확고한 자신만의 '화이부동(和而不同)'의 의지가 있어야 한다. 남을 헐뜯어 나를 세우려 말고 또라이들과 같이 있어도 그들의 장점만 내 것으로 받아들인다는 마음 자세가 중요하다. 언젠가 나도 직장을 걷어차고 나와서 뭔가 큰 일 한 번 도모해 봐야 하지 않겠는가.

세 명이 길을 가면 반드시 내 스승이 있다고 했다. 내 상사가 또라이 짓을 하든 말든 관심을 꺼야 한다. 그 또라이 지시를 받는 순간은 괴롭겠지만 그도 그렇게 살다가 조만간 형장의 이슬로 사라질 것이다. 내가 할 일은 국수 가락 뽑아내듯 그들에게서 장점만 뽑아내면 된다. 나와 같은 직장에 다니는 한 나보다 나은 점도 분명 한 가지는 있다. 정말로 그 또라이에게 뽑아낼 장점이 하나도 없다면 반면교사(反面敎師)라도 삼아야 한다. '아, 난 저런 인간이 되지는 말아야지'라고 다짐이라도 한다면 그나마 하나는 얻은 것이다.

이제 보니 내가 또라이였구나

사람은 쉽게 변하지 않는다. 타인을 가르치거나 상대의 성향을 고치려는 행위는 오만이다. 자기 자식이 아니라면 사람에 대한 욕심은 철저하게 버려야 한다. 그 사람의 특수성을 인정하고 그에 맞게 대응하면 그만이다. 나와 다르다고 나쁘거나 틀린 것은 아니다. '세상은 넓고 또라이는 많다'라는 진리를 다양성이란 측면에서 받아들이면 마음이 한결 편해진다. 한쪽으로 획일화된 가치관보다 여러 가지 기준이나 가치가 혼재되어 각각 존중받는 사회가 훨씬 더 괜찮은 사회란 것을 부정할 사람은 없다.

이제 직장 내 또라이들에게 관심을 끄자. 그리고 그들을 헐뜯거나 비난하지도 말자. 나 살기도 바쁜 세상이다. 같이 있는 동안 그들의 등에 빨대를 꽂아 장점만 쭈욱 빨아 마시면서 나의 내공만 쌓으면 된다. 그러다 보면 조직 개편 시기가 어김없이 돌아온다. 내가 그들을 또라이라고 말하지 않아도 남들도 이미 다 안다. 조직 개편으로 곧 그들과 헤어지게 된다. 하지만 다른 팀에 가도 비슷한 또라이는 있다. 이럴 때 그저 헛웃음만 나온다. 바로 이곳이 직장이다. 새로운 또라이들을 매일 만나야 하기에 회사는 내게 월급을 준다. 이렇게 한 해 한 해 연차가 쌓이고 어느덧 내 밑에 부하 직원이 생기면서 나도 문득 깨닫게 된다.

'이제 보니 내가 또라이였구나.'

또라이 상사의 유쾌한 반전

악마는 프라다를 입는다

이번엔 눈이 즐거운 영화를 한 편 골랐다. 남성 관객이라면 섹시하고 사랑스러운 여주인공 앤 해서웨이(Anne Hathaway)를 보는 것만도 즐겁다. 여성 관객도 쉴 새 없이 보이는 여주인공들의 멋진 옷맵시에 눈이 즐거울 것 같다. 듣기로 이 영화 제작비 중 의상비가 상당액을 차지했다고 한다. 나는 66사이즈, 44사이즈가 어느 정도인지조차 잘 모른다. 이런 패션 문외한인 나도 영화에 노출된 아름다운 의상 디자인과 그 옷들의 색감 그리고 그것들을 돋보이게 해 주는 다양한 액세서리를 보는 재미가 꽤 쏠쏠했다. 제목에 '프라다(Prada)'라는 명품 브랜드 이름으로 이 영화의 느낌을 대략 짐작할 수 있을 것이다.

화려하지만 역시 우리네 직장생활 이야기

'미란다(Miranda)'는 〈런웨이(Runway)〉라는 유명 패션 잡지사 편집장 정도되는 고위 간부다. 그녀는 안하무인이고 권위적이며 시도 때도 없이 부하 직원을 호출한다. 시간 내 할 수 없을 것 같은 무리한 명령이나 사적인 부탁을 부하 직원에게 서슴없이 해댄다. 이런 미란다는 업무 능력은 있을지언정 소위 '또라이 상사'다. 직급 낮은 직원이 또라이라면 무시하면 그만이지만 미란다는 회사 내 '넘버 투(No.2)' 정도의 입지를 굳건히 다지고 있으니 아랫사람으로서 어찌

해 볼 도리가 없다. 이런 미란다의 비서로 우리의 '사랑이' 앤 헤서웨이가 맡은 '앤디 삭스(Andy Sachs)'가 있다.

상황은 이렇다. 미란다는 특유의 또라이 기질을 발휘해 하루하루 앤디를 못살게 군다. 앤디에게 패션 센스가 없다고 대놓고 흉을 보거나 여러 가지 지시를 한 자리에서 쏟아붓는다. 그뿐만 아니다. 앤디는 미란다가 시키는 사적인 심부름을 수시로 해야 한다. 심지어 미란다는 아직 출간되지도 않은 해리포터 미출간본을 어떻게든 구해 오라고 엔디에게 지시하기도 한다. 말도 안 되는 상황의 연속이다. 당신이 앤디라면 매일 지옥 같은 이 상황을 어떻게 대처 할 것인가. 정답인지 아닌지 잘 모르겠지만 앤디의 대응 방식은 이랬다.

우선 앤디는 자신의 경력 관리를 위해 그곳에서 1년만 굳게 버티고자 했다. 그 신념을 바탕으로 말도 안 되는 상사의 지시 사항을 꾹 참고 어떻게든 해낸다. 반면 직장에서 에너지를 너무 많이 소진하다 보니 다른 곳에서 문제가 생긴다. 같이 사는 남자친구와 소원해진다. 이 두 가지 문제를 어떻게 풀어내느냐가 이 영화의 주요 관전 포인트다. 사랑하는 남자친구를 택하고 이전의 삶으로 돌아가 안정을 찾을 것인지 아니면 남자친구를 떠나보내더라도 화려한 뉴요커(New Yorker) 커리어 우먼으로서 제 2의 멋진 변신을 꾀할 것인지. 그 누구도 두 마리 토끼를 다 잡을 수는 없다. 영화에서는 앤디의 인생이 후자로 가는 것처럼 보이더니 그녀는 고심 끝에 방향을 바꾸어 결국 사랑을 택한다.

앤디는 갈등 상황에서 둘 중 하나를 택했다. 하지만 내가 보기에 그녀는 그 두 가지를 다 잡을 것이나 다름없다. 앤디는 상사 미란다와 가치관이 달라 그곳에서 1년간 버티기로 한 결심을 스스로 깨 버린다. 하지만 그녀는 실패한 것이 아니다. 그녀는 패션업계에서 1년간의 경력을 바탕으로 그녀가 원했던 출판계로 전직을 꾀했다. 미란다와의 갈등으로 1년 경력을 미처 채우지 못했지만 결국 앤디는 원하는 출판업계 한 회사에 입사한다. 그 출판회사로 입사하기에 그녀의 경력은 일천했지만 또라이 상사 미란다가 앤디 몰래 그 출판사 인사 부서에 앤디의 입사 추천서를 써 보낸 것이다. 미란다의 입지와 명성이라면 그녀의 추천서 한 장은 곧 입사 보증수표와 같았다. 이 사실을 안 앤디는 흐뭇한 미소를 짓는다. 출판사 최종 입사를 확인한 앤디가 뉴욕 거리를 활보하며 영화는 막을 내린다.

이 영화에서 배우는 직장생활 팁

앤 헤서웨이의 우월한 미모와 다양한 종류의 의상으로 눈이 즐거운 영화지만 진로나 직장생활을 이야기하면서 간과하지 않았으면 하는 부분을 몇 가지 짚고자 한다.

첫 번째 포인트는 원하는 직장이나 포지션에 단번에 입성하려는 자세는 지양하자는 것이다. 앞에서 언급했듯이 처음부터 내가 원하는 자리는 잘 나오지 않는 법이다. 여의도 한 복판에 자리 잡은 전망 좋은 사무실에서 일하길 원하는가. 방송국 식당에서 연예인들을 바라보며 그들과 같이 우아하게 식사를 하고 싶은가. 앤디가 원했던 일은 출판업계에서 글을 쓰는 것이었다. 하지만 그 분야 경력이 일천했던 그녀의 이력서를 해당 업계에서 받아 줄 리 없다. 이 상황을 잘 알고 있는 그녀는 방향을 바꾼다. 일단 뉴욕 입성이 먼저라는 결론을 내린다. 그녀가 원했던 업계와 전혀 무관한 패션업계에 먼저 발을 들인다. 이것저것 따질 형편이 아니었다. 뉴욕 어느 회사에서라도 1년 이상 경력과 경험을 쌓아 이후 본인이 진정 원하는 길로 가겠다는 앤디의 마음가짐과 실천이었다. 일견 옳은 방향 설정이다. 지금은 없어진 고시 공부야 합격 말고는 달리 길이 없다. 도서관에 처박혀 몇 년을 공부하더라도 법관이 되려면 그 길밖에 없었다. 하지만 원하는 직장에 입사하고자 한다면 그 접근 방법이 달라야 한다. 매년 있을지도 모를 그 회사 공채에만 목을 멜 수 없는 노릇이다. 놀지 않고 어디선가 일을 하다 보면 앤디처럼 그 안에서 또 다른 길이 열릴 수도 있다. 본인이 애초에 원했던 진로보다 일을 하면서 내게 열린 또 다른 길이 더 좋은 진로일 수 있다. 이것은 감히 그 누구도 판단할 수 없는 신의 영역인 것이다.

두 번째 포인트는 상사와의 관게다.

또라이 상사라도 부하인 내가 그를 외면할 수 없다. 조직의 명령 체계가 그것을 허용하지 않는다. 상사가 행여 말도 안 되는 지시를 내린다면 지시를 수행하면서 '말 없이 말하는 법'을 터득해야 하지만 그런 내공은 아무나 가질 수 없다. 이제 갓 입사한 앤디의 입장에서 그녀가 잘한 점은 곡절은 있었지만 결국 상사 미란다의 믿음을 얻었다는 점이다. 부하 직원이 가져야 할 직장 내 미덕은 직속 상사를 돋보이게 하는 것이다. 상사를 돋보이게는 못할망정 상사를 곤란하게 해서는 안 된다. 나는 네 편이라는 믿음, 즉 심리학 용어로 바꾸자면 '라포(Rapport)'를 형성하는 것이 우선이다. 라포 형성 후에라야 서로 간 이해와 배려가 생긴다. 위에서 언급했듯이 직장 내 또라이가 있더라도 같이 있는 기간은 평균 채 이 년이 넘지 않는다. 이 영화에서도 채 일 년도 안 되어 미란다와 앤디는 서로 떨어지게 된다. 짧은 기간이지만 내 마음이 후련하도록 상사를 골탕 먹이는 것과 힘들어도 상사에게 믿음을 주는 것 두 가지 선택이 있다. 정답은 앤디가 어떻게 원하는 회사로 전직에 성공했는지를 보면 판단할 수 있다.

또라이는 내 주변에만 있지 않다

직장은 다양한 부류의 사람이 모인 곳이다. 내가 이해하기 힘든 다양한 부류의 사람이 한데 모여 각자의 먹고사는 문제를 해결한다. 그렇기 때문에 말도 많고 탈도 많은 곳이 바로 직장이다. 내 부서에 또라이가 있어 힘들다면 이 영화를 보고 마음의 안정을 찾길 원한다. 또라이가 부하 직원이라면 신경쓰지 않으면 그만이지만 만일 상사가 또라이라면 보험 하나 든다고 생각하자. 매월 내는 보험료는 아깝지만 연체하지 않고 꼬박꼬박 성실하게 납부한다면 그 보험이 때에 따라 내게 생각지 못한 큰 이익을 가져다줄 수도 있다. 사람 일이란 참 알 수 없는 것이다. 이렇듯 눈에 보이지 않는 곳에 과감히 투자하는 것이 진짜 내공이다.

17

나를 지키는 직장 내
인간관계 원칙들

회사 내 권력 구조는 정말 금세 변힌다. 그러니 무당파가 오히려 속 편하게 오래도록 직장에 남아있는 방법이다. 👍

우리나라 직장인이 대략 천만 명이라고 말한다면 대략 구백만 가지 유형의 사람들이 있는 것 같다. 똑같은 부류의 사람이 거의 없다고 봐야 옳다. 경영자는 회사가 달성해야 할 목표에 맞춰 다양한 특성을 가진 사원들에게 '한 방향 정렬'을 요구하지만 직장인의 행동 패턴은 경영자의 마음과 사뭇 다르다. 직원들은 대체로 월급을 받고 승진을 위해 움직일 뿐이다. 직원 각자의 속내마다 모두 한 마리의 구렁이가 자리잡고 있다.

회사의 목표와 개개인의 목표는 분명 다르다. 그 차이가 적은 회사가 곧 세상에 몇 안 되는 일류 회사다. 고용이 보장되어 있지 않은 직장 환경에서 회사의 발전이 곧 나의 발전이라고 믿는 이는 별로 없다. 경영진은 우리 모두를 한 가족이라 말하지만 여건이 나빠져 경영이 어려워지면 사측이 가장 먼저 내미는 카드는 인원 구조 조정이다.

 IT 기술 발달로 직원 한 명당 회사에 대한 기여율이 점점 낮아지고 있다. IT 기술 발달 속도에 비례하여 직원 수도 비례하여 줄고 있다. 회사는 이미 스티브 잡스 같은 뛰어난 소수가 어중간한 대다수 직원을 먹여 살리는 구조다. 특히 우리나라는 그런 현상이 더욱 심화되어 있는 나라다. 'Korea Discount'라는 말에서 파생한 듯한 'CEO Discount' 같은 조어가 생기는 것도 특정 소수의 사내 영향력을 보여주는 방증이다. 사정이 이렇다 보니 우리나라 직장은 '어중간한 능력을 가진 대다수'들의 생존 각축장이 되어 버렸다. 그 결과물이 바로 가정과 학교 내 중2병보다 더 무섭다는 직장 내 사내 정치다. 신입 사원이라도 개개인의 성향에 따라 사내 정치의 함정에 말려들게 될 수도 있다. 사내 정치의 복잡한 고리로부터 피해를 입지 않기 위해 우리가 알아야 할 몇 가지 원칙이 있다. 긴 직장생활을 경험한 형님으로서 또는 선배로서 몇 가지 언급하고자 하니 참고 바란다. 물론 개개인의 생각이 모두 다르니 옳고 그름의 판단은 각자의 몫이다.

줄 타지 않기, 무당파 되기

 최소한 과장급 이하는 직장에서 일하는 동안 '사내 정치'란 단어를 모르는 것이 좋다. 사내 누구나가 나를 두고 "저 친구는 김부장 라인이야"라고 말한다면, 나에게 불리하다. 행여 나도 모르게 이미 그 줄에 매달려 있는 나를 발견한다면 김 부장이 썩은 동아줄인지 아닌지 잘 살펴봐야 한다.

입사 시점부터 줄 타기를 잘해서 사원에서 차장까지 초고속으로 승진한 동기를 본 적이 있다. 그는 자연히 우리 동기들로부터 견제와 미움을 받았고 우리와 자연히 멀어졌다. 나와 동기들의 열등감으로 인해 그는 공동의 적이 되어 버렸다. 그가 차장으로 진급하자마자 자신을 끌어 줬던 '그분'이 무슨 이유인지 돌연 퇴사하게 되었다. 비슷한 시기에 그 동기도 어느새 사내에서 얼굴을 볼 수 없게 되었다.

사내 줄 타기는 대학 내 캠퍼스 커플과 같다. 학교에서 캠퍼스 커플은 고립된다. 스스로 벽을 치기 때문이다. 행여 커플 관계가 깨져도 다른 이성이 그들에게 이성(異性)으로 다가가기는 쉽지 않다. 사내 줄 타기도 마찬가지다. 회사를 짧게 굵고 다니길 원하면 그것도 방법이다. '권불십년(權不十年)'이란 말이 있듯이 직장 내 권력은 그리 오래 가지 못한다. 직장 내에선 권불십년이 아니고 '권불삼년(三年)' 정도가 맞지 않을까 싶다. 직장생활을 오래 하려면 최소한 '누구에게 줄 댄다'라는 말은 듣지 말아야 한다. 회사 내 권력 구조는 정말 금세 변한다. 무당파가 오히려 속 편하게 오래도록 직장에 남아있는 방법이다. 단, 이 이야기는 나처럼 직장을 가늘고 오래 다니길 원하는 사람에게만 해당함을 잊지 말자.

동기 아닌 비슷한 연배를 대할 때 주의 사항

직장에 머무는 시간이 많기 때문에 직장에서 가족 같은 분위기를 선호하는 직원이 많다. 딱딱한 분위기보다 가족처럼 친화적 분위기를 반기지 않을 이유는 없다. 하지만 역시 직장은 가정이 아님을 명심해야 한다. 직장에서 가족 구성원 같은 친한 친구를 사귀려 하는가, 그럼 우물에서 먼저 숭늉을 찾아야 한다. 특히 동기가 아닌 비슷한 연배의 동료를 대할 때는 특히 더 조심해야 한다. 나이와 입사 일이 비슷해서 같이 술 한 잔 먹고 '반말'로 서로 말을 트거나 친구처럼 지내면 나중에 곤란한 일이 벌어질지 모른다. 직장에서는 '그놈'이 나를 제치고 조만간 내 상사가 될 수도 있다. 물론 그 반대의 경우도 얼마든지 발생한다. 그동안 서로 말 트고 친구처럼 지낸 그 친구가 돌연 내 위로 올라서면 난 회사를 나가야 할 상황에 처하게 될지도 모른다. 일단 자존심이 상한다. 회사에서 필요 없는 직원을 쳐낼 때 그 사람의 동기나 아랫사람을 그 대상자의 상사로 발령하는 것이 회사 경영진이 잘 사용하는 수법이기도 하다.

그 반대의 경우도 서로 껄끄럽긴 마찬가지다. 긴 직장생활에 신입 시절만 있지는 않다. 곧 동기나 비슷한 연배의 직원과 경쟁을 해야 한다. 나보다 어리거나 친구로 지내는 놈이 내 위로 올라가면 난 짐을 쌀 생각부터 해야 한다. 그런 수모를 당하지 않으려면 처음부터 직장 동료와는 적정한 거리를 두는 것이 좋다. 호칭도 '아무개 씨', '누구 님' 등의 사무적이고 건조한 호칭을 사용하는 것이 좋다. 직장은 전쟁터다. 거기서 가족이나 학교 같은 인간관계를 원한다면 다시 한 번 생각해 볼 일이다.

사람에게 스트레스를 받지 않는 법

사람은 저마다의 성격 유형이 있다. 널리 사용하는 MBTI(Myers-Briggs Type Indicator) 성격 유형 검사를 예로 들어보자. MBTI 성격 유형 검사는 전 세세 칠십 억 인구를 열여섯 가지 유형으로 분류할 수 있다고 말한다. 성격 유형은 외향형-내향형, 감각형-직관형, 감정형-사고형, 인식형-판단형의 여덟 가지 요소와 그 두 유형 간 조합이 합쳐 열여섯 가지로 나누어진다. 장기간에 걸쳐 학술적으로 충분히 검증된 검사이므로 신뢰성이 높은 검사다. 하지만 인간 군상이 총 열여섯 가지라고 말하기엔 뭔가 쉽게 와닿지 않음을 우리는 직감적으로 느낀다. 사람의 성격은 현실에선 그보다 훨씬 더 많은 종류가 있다고 나는 생각한다. 기본적 성향과 성격에 상황이라는 변수가 더해지면 그 유형은 폭발적으로 증가한다.

성향이 나와 다르다고 상대를 탓하지 말자는 이야기다. 상대의 입장에서 보면 오히려 내가 '또라이'일 수도 있다. 나와 다르다는 건 '틀렸음'이나 '나쁜 것'이 아니니 '다름'을 이해하고 그에 맞추는 것이 속 편하다. 그러니 껄끄럽고 힘든 상대가 내 주변에 있어도 당분간 참아 보자. 웬만한 조직은 한 직원을 한곳에 오래 두지 않는다. 버티다 보면 곧 그와 자연스럽게 헤어질 날이 온다. 꼴 보기 싫은 사람 때문에 사직서를 쓰는 일은 없어야 한다. 그런 사람

밑에서 버티라고 회사는 내게 월급을 주는 것이다. 다시 말하지만 내가 받는 월급은 내가 회사에 수익을 안긴 것에 대한 성과 보상이 아니다. 매일 아침 단정히 옷을 차려입고 내가 아닌 다른 사람으로 무대에 올라 연기를 해야 하는 것에 대한 출연료이자 사람 때문에 스트레스 받았던 것에 대한 약간의 보상이다.

가장 힘든 상대, 직속 상사(팀장)

모든 조직 구성원은 편함을 추구한다. 특히 위로 올라갈수록 더 그렇다. 대부분의 부장님과 이사님은 사원, 대리 나부랭이(?)들과 일일이 마주 대하고 업무를 논하는 것을 꺼린다. 예전과 달리 조직 위계가 점점 수평화되는 추세이긴 하지만 역시 직장 내에서 연배와 '짠밥'은 무시할 수 없다. 업무 위주라고 말하면서 수평적 조직 구조를 부르짖는 부장님도 많지만 난 그냥 그런 태도를 그들의 위선이라고 본다.

나이를 먹으면 편한 것을 추구하게 마련이다. 팀에 어떤 현안이 있을 시 부장님은 그 팀을 맡은 과장급 정도 되는 팀장에게 몇 마디 지시하고 보고 받으면 그만이다. 부장님이 일일이 팀의 실무자들 한 명 한 명과 마주하긴 어쩐지 불편하다. 조직의 속성이 이렇기 때문에 명령 체계의 중심에 있는 팀장급 직속 상사는 조직에서 아주 중요한 역할을 한다. 그래서 신입 사원을 포함하여 팀원들에게 직속상사는 대하기가 가장 힘든 상대다. 직속 상사 말 몇 마디의 사내 파급력은 대단하다. 나의 승진이나 부서 이동 등 나의 신변 변화에 가장 밀접한 영향력을 행사하는 사람이 곧 그분이다. 절대 그분을 우습게 봐선 안 된다.

이런 이유로 직속 상사를 대하는 아랫사람의 최고 덕목은 '직속 상사를 곤란하게 하지 않고 돋보이게 만드는 것'이 아닐까 싶다. 돋보이게 하기는커녕 그를 곤혹스럽게 하는 것이 아랫사람으로서 최악이다. 예를 들면 나의 하찮은 실수 때문에 나의 팀장이 부장님 앞에서 머리를 조아려야 하는 그런 상황 같은 것 말이다.

혹자는 '팀장이 내 업적을 빼앗아 간다'고 하소연하기도 한다. 그것은 상사로서 분명 부도덕한 일이지만 상하 관계 때문에 어쩔 수 없다면 팀장이 내게 빚졌다는 느낌을 들게 하면 된다. 그 채무감은 두 배 세 배의 혜택으로 내게 돌아올 것이다. 반면 인격이 좀 모자란 상사가 내 업적을 빼앗아 갔다면 부처님처럼 다른 뺨을 내밀어라. 그런 일이 몇 번이고 반복된다면 사내에 누군가는 알게 된다. 또한 그런 소문은 금세 퍼지게 마련이다. 내 수고와 업적을 알아줄 날이 가까운 미래에 분명히 있다. 실망하지 말자.

가장 안타까운 경우는 그런 일 한두 번으로 상사와 직접 맞서는 일이다. 상사도 인간인지라 당신에게 일말의 채무감을 느끼고 있을 것이다. 일부러 내가 그에게 내 감정의 발톱을 드러낼 필요는 없다. 주머니 속 송곳은 숨겨도 삐져나오게 마련이다. 반면 내 권익을 내가 직접 찾겠다며 상사와 직접 맞서는 건 어리석은 행동이다. 행여 인격이 좀 모자란 상사를 모시고 있다면 안타깝지만 좀 참는 수밖에 없다. 그런 무능한 상사는 곧 내 곁을 떠나게 되어 있다. 그가 무능하다는 건 나도 알지만 회사도 이미 알고 있다. 시간이 약이다. 모쪼록 힘들게 입사한 직장인데 모두의 건투를 빈다. 다시 한 번 말한다. 내가 회사에서 받는 월급은 나의 업무 성과에 대한 보상이 아니다. 수많은 또라이와 부대끼며 견뎌 내는 것에 대한 회사의 감사 표시다.

Part**4**

진로 설정,
고수의 테크닉

18

임계점을
넘겨야 한다

임계점은 물질의 상태를 바뀌게 만드는 힘의 작용점
이다. 그것은 방아쇠의 원리와 같다. 일정 수준 이상
방아쇠를 당겨야 비로소 총알이 발사된다. ♥

임계점은 물질의 상태를 바뀌게 만드는 힘의 작용점이다. 예를 들어 물이 끓어 기체로 바뀌는 시점의 임계점은 물의 온도가 100도가 되는 시점부터다. 영어로 'Critical point' 또는 'Threshold'라고 부른다. 다른 말로는 바뀌는 시점의 값, 즉 '역치(易値)'라고 부른다. 임계점은 방아쇠의 원리와 같다. 일정 수준 이상 방아쇠를 당겨야 비로소 총알이 발사된다. 총알이 발사되지 않을 만큼의 방아쇠 당김은 아무런 결과를 만들어 내지 못한다.

취미로 드문드문 단편 소설을 쓰고 있는 나는 주위로부터 소설가라 불리지 않는다. 내가 소설가가 되기에 재능이 있고 없고를 떠나서 우선 나 스스로 소설가가 되고자 하는 노력의 임계점에조차 이르지 못했기 때문이다. 어디선가 대(大)작가를 꿈꾸며 지난한 습작 활동을 하고 있을 많은 예비 소설가 지망생들이 있다. 그들을 생각하면 그간 내가 했던 취미 습작 정도의 노력으로 내가 소설가가 된다면 그들이 가지게 될 상대적 박탈감은 엄청날 것 같다. 천부적인 재능을 타고나지 않았다면 그건 정말 불공평하다. 하지만 내게도 할 말은 있다. 내가 쓰는 단편 소설을 음식으로 비교하면 누구나 끓일 수 있고 값싸고 흔한 라면 정도다. 물을 붓고 면과 스프를 넣고 적당히 끓이면 어떻게든 라면이 된다. 하지만 그것이 전부는 아니다. 라면이 요리가 되려면 추가적인 무언가가 필요하다. 라면에 넣을 계란이나 파 또는 떡도 좋다. 내용물이 좀 더 많았으면 좋겠다. 그 양질의 재료를 담아 보관할 수 있는 냉장고도 있었으면 한다. 어디 그뿐인가? 그것을 담아낼 좋은 그릇과 단아한 수저도 필요하다. 깔끔하고 정갈한 식탁도 있었으면 좋겠다.

열심히 써서 명성 높은 문학 공모전에 운 좋게 당선하면 대체로 소설가의 길로 들어선다. 누구나 그렇게 소설가로 데뷔를 할 수 있지만 사실 그 이후가 더 중요하다. 평생 히트곡 한 곡만 남기고 사라진 가수가 이 세상에 얼마나 많은가?

라면 한 그릇을 먹더라도 말아 먹을 밥도 필요하고 디저트도 필요하다. 한 끼 때울 수 있는 요깃거리를 넘어 라면이 요리가 되려면 많은 준비가 있어야 한다. 그 준비물에 의해서 먹는 사람의 식후 포만감이나 만족도가 달라진다. 여기에 진정 필요한 요소가 노력의 임계점이다.

내가 지금부터 노력한다고 프로야구 1군 선수가 될 리 없다. 바둑을 밤낮으로 두어도 이세돌 9단을 이길 수 있겠는가? 이런 건 노력의 문제가 아닌 재능의 문제다. 여기에 박탈감을 가질 필요는 없다. 기독교에서 말하는 '달란트(talent)'처럼 내게도 뭔가 타고난 달란트가 있다고 믿고 그걸 찾으면 된다. 나의 재능을 찾고 그 분야에서 내가 할 수 있는 노력의 임계점을 더하는 것, 이것이 아주 상식적인 성공의 조건이다. 말콤 글래드웰(Malcolm Gladwell)의 유명한 저서 《아웃라이어(Outliers)》에 나오는 1만 시간의 법칙은 재능을 무시했다는 점에서 아쉽다. 하지만 어느 분야에서든 성공하려면 노력의 임계점에 도달해야 한다는 기본적인 메시지는 충분히 전달하고 있다.

노력하기 전에 자신의 재능부터 파악해야

팍팍한 세상이다. 사회에 만연한 양극화가 문제다. 인정하기 싫지만 우리나라 사회는 개인의 노력만으로 성공을 논하기 힘들게 되었다. 어느 시점부터 성공 법칙이 우리도 모르는 사이에 이상하게 변해 버렸다. 나는 이것을 정치 권력의 문제라고 생각하기로 했다. 정치가 바뀌면 이상적 사회 환경이 다시 오리라 믿는다. 아니 그렇게 믿어야 한다. 지금은 모두가 힘들지만 우리 사회가 발전하는 과정 속에 있다고 스스로를 위로해 본다.

이런 사회 구조적 문제 탓인지 어떤 분야에서 성공한 사람을 우리는 이제 별로 존경하지 않는다. 원래부터 돈 있고 배경 좋은 사람이 약간의 노력으로 쉽게 성공하는 것처럼 비춰진다. 출발점이 애초부터 달랐기에 그들의 성공에 대해 일말의 존경보다 대체로 시기와 질투의 마음이 더 강하게 피어오른다. 하지만 아무리 그들에게 질투와 시기를 감정을 보내더라도 바뀌는 건 없다. 든든한 배경을 등에 업은 것은 천운이지만 최순실 딸 정유라가 말했듯 어쨌든 그것조차 자신의 능력이요 재능이다. 젠장.

　대안 없는 비판은 공허하다. 그러니 우선 나에 대해 반성의 시간을 가져 보자. 그리고 반성을 넘어 실천 계획도 마련해 보자. 난 나이 마흔을 넘겨서 내 적성을 알게 되었다. 적성을 알게 되면서 늦었지만 자연스레 꿈도 생겼다. 꿈이나 적성 진로, 뭐 이런 문제는 정말 다루기 힘들다.

　일부 성공한 기성세대는 젊은이에게 자신처럼 "꿈을 가지라"라고 말한다. 젊은이들에겐 참 힘든 문제다. 꿈을 꾸는 젊은이가 어쩌네 저쩌네 말하지만 개인의 진로 문제는 그리 간단하지 않다. TV에 나오는 연예인들이 멋져 보여서 나도 연예인이나 해 볼까 하는 그런 간단한 문제가 아니다. '의사나 검사 변호사가 돈을 많이 버니 나도 그거나 해 보지 뭐'처럼 눈에 보이는 것만으로 꿈을 가질 수 없다. 내가 부(富)를 쫓는 사람인지 귀(貴)를 쫓는 성향인지 자신을 아는 것이 먼저다.

　그렇다면 자신의 적성과 재능은 어떻게 알 수 있을까? 정부 기관에서 운영하는 워크넷(www.work.go.kr) 사이트에 가보면 본인이 직접 간단히 해 볼 수 있는 무료 지필검사가 많다. 하지만 난 그런 검사를 별로 신뢰하지 않는다. 그런 자기 보고식 검사는 피검사자에 따라 많은 오염 요인이 가미된다. 답지에 답을 달고 이것이 정답이니 이 길로 가라고 강요받는 것 같다. 귀중한 내 인생이 그런 시시한 검사지 몇 장으로 결정될 만큼 가벼운 건 아니다.

앞서 2장에서 경험을 통해 자신을 알 수 있다고 말했다. 결국 주제는 다시 원점으로 돌아온다. 올바른 진로를 세우기 위해 자신의 적성과 재능을 파악해서 그에 맞도록 노력의 임계점까지 행동하는 것이 성공의 기본 요건이라고 말했다. 거기에 운이 닿으면 금상첨화다. 자신의 석성과 재능을 알기 위한 이상적 배분은 경험 70%, 학습 30%다. 살면서 직간접적으로 많은 경험을 해 봐야 한다. 대학에 다닐 때 다양한 사회 경험을 하든 졸업 후 몇 번의 이직을 통해서라도 이(異)종의 업종도 직접 경험해 보면 좋다. 그 가운데 무언가라도 자신의 관심사가 생길 확률이 높아진다. 그리고 그런 경험을 거치면서 자신이 점 찍어 둔 몇몇 분야에 대해 공부하면 된다. 내부 종사자와 접촉을 시도해 보든지 인터넷이든 여러 방면으로 알아보면 좋다. 각종 매체에서 볼 수 있는 외부적 이미지와 실제는 분명 다르다.

나의 경우를 말하면 산전수전을 겪고 나이 사십을 넘어서야 비로소 내가 뭘 좋아하고 뭘 잘할 수 있는지 그리고 오래 해도 상대적으로 덜 지치는 분야를 찾았다. 전제는 단순 취미 분야 말고 그래도 먹고살 수 있는 분야를 말한다. 이 글을 읽는 독자라면 훨씬 더 빨리 자신의 적성과 재능을 찾으리라 믿는다. 그 이후엔 임계점을 넘기는 본인의 노력이 필요하다.

인터넷으로 인해 정보가 모든 사람에게 공개되면서 산업계에 바뀐 점이 하나 있다. 잘 팔리는 놈은 더 잘 팔리고 외면받는 놈은 결코 수면 위로 올라오지 못한다는 것이다. 인터넷은 항상 제일 효율이 높거나 인지도가 있는 정보를 먼저 보여 준다. 업계에서 좀 성공한 사람은 밥 먹을 시간이 없을 정도로 주위에서 찾는다. 이제는 동네에서만 좀 유명한 사람은 없고 일단 한 번 '뜨면' 전국에서 호출을 받는 시대가 되었다. 이처럼 정보화 사회는 누구나 전국구 스타가 될 수도 있는 혜택이 있다. 성공하긴 힘들어도 일단 한 분야에서 성공하면 그 열매가 예전보다 훨씬 더 달다.

성공한 사람이 쓴 책 몇 권을 읽거나 그들의 강의 몇 번 듣는다고 자신의 삶이 쉽게 바뀌지 않는다. 소위 멘토라고 불리는 분들도 자신의 성공 경험을 함부로 남에게 강요해선 안 된다. 생각해 보면 그건 건방진 행위다. 타인의 삶이 얼마나 진중하고 무거운지 그들은 알지 못한다. 그들은 자신이 성공한 것처럼 타인도 자기처럼 하면 성공할 수 있다고 믿는 것 같다.

성공의 3요소 : 재능 파악, 임계치의 노력 그리고 운

내가 말하고자 하는 성공의 세 가지 요소는 바로 이것이다. 첫째, 자신을 먼저 알아야 한다. 하지만 이건 가장 시간이 오래 걸리는 지루한 작업이다. 자신이 어떤 사람인지 쉽게 속단해선 안 된다. 세상이 수시로 바뀌고 그에 맞춰 직업과 직장도 수시로 바뀐다. 여러 분야에 걸쳐 많은 시도와 도진이 있어야 한다. 공무원으로 눌러앉아 평생 안정적으로 살고자 한다면 그것도 삶의 한 방법이기에 할 말은 없지만 고위 공무원이 아닌 바에야 그런 인생을 우리는 결코 성공이라 말하지 않는다. 공무원에게 필요한 역량보다 잠재력이 훨씬 더 많은 젊은이들이 일찍부터 공무원으로 눌러앉아 버린다면 그건 국가적 자원 낭비다.

젊은 시절부터 이리 구르고 저리 굴러 자신의 재능과 적성을 늦게라도 파악했다면 다행이다. 이후엔 정말 임계점에 이를 만큼 노력을 다해 뛰어야 한다. 순쉬운 성공이란 세상 어디에도 없다. 그 이후엔 '진인사대천명(盡人事待天命)'이다. 사람으로서 할 도리를 다 했으니 이후엔 하늘의 운을 기대해 봐야 한다.

'준비된 사람에게 운이 온다'는 말이 있다. 누구에게나 기회는 온다. 단지 그것을 오랫동안 내 곁에 잡아 둘 능력이 필요하다. 이 능력이 곧 실력이다. 그런 능력은 쉽게 만들 수 있는 것이 아니다. 지금이라도 당장 라면을 끓여 먹을 수 있겠지만 라면을 요리로 바꿀 수 있도록 냉장고에 좋은 재료를 꼭꼭 채워 준비해 둘 필요가 있다. 물이 끓고 있는데 정작 냉장고에는 아무것도 없다면 더 이상 무슨 말이 필요하겠는가. 준비된 자만이 만찬을 즐길 자격이 있다.

성공적인 인생은 그리 쉽지 않다. 누구나 방법은 안다. 우선 자신의 재능을 찾고 임계점을 넘길 만큼 노력을 하고 더불어 좋은 운을 만나는 것, 이것이 바로 성공을 위한 근사치의 정답이다. 자신의 숨겨진 재능과 적성을 아는 것도 어쩌면 운의 영역일지 모른다. 평생 자신의 재능과 적성을 모르고 죽는 사람이 얼마나 많은가. 운 좋게 그것을 발견했다면 노력의 임계점을 넘는 것은 인간의지의 영역이다. 인생의 답지에 정답을 쓰는 것은 쉽지 않다. 하지만 백 살까지 살아야 하기에 시간은 충분하다. 이 책을 읽고 있는 사람이라면 이미 답을 알고 있다. 시간은 충분하니 운 때가 맞으면 누구나 한 번쯤은 성공할 수 있다. 긴 인생, 우리 아버지 어머니처럼 무미건조한 삶을 사는 것은 어쩐지 슬프다. 우리 모두의 건투를 빈다.

19

삶의 전환점은
스스로 만드는 것

무대에 설 기회가 올 때까지 자신의 실력을 더 잘 다
듬을 수 있는 마음가짐과 행동이 필요할 뿐. 😊

2016년 한국프로야구 리그에서 아주 '핫(hot)'했던 두산 베어스 김재환 선수 이야기를 하고자 한다. 김재환 선수는 무명 시절에 약물복용 전력으로 팬들 사이에서 호불호가 갈리는 선수다. 내가 말하고자 하는 것은 선수의 도덕성 문제가 아니니 일단 그 부분은 이 글에서는 논외로 하자.

나는 이 선수를 과거 두산 베어스 김경문 감독 시절부터 유심히 봤다. 그 당시 김재환 선수는 일 년에 겨우 몇 번쯤 1군에 올라와서 한두 타석 정도 치르고 다시 소리 소문 없이 2군으로 내려갔다. 그에게 그런 시즌이 몇 년간 반복되었다. 이 선수가 1군 무대에서 치르는 경기를 좀 더 보고 싶었지만 무슨 사정 때문인지 감독은 그 기회를 좀처럼 허용하지 않았다.

분명 내가 잘 모르는 팀 내 사정이 있을 것으로 생각한다. 실력으로 치면 당시 김재환 선수가 기존 주전 선수에 비해 그리 밀리지 않을 것 같았다. 가끔씩 1군 무대에 서는 선수는 기회가 왔을 때 뭔가 보여 줘야 한다는 조바심 때문에 자신의 기량을 충분히 발휘하지 못할 가능성이 많다. 그 이유 때문에 이미 선발 라인업에 들어가 있는 선수들과 1군에 갓 올라온 선수를 1대1로 비교하기에는 불공평하다. 그렇지만 김재환 선수가 가끔씩 1군 무대 타석에 설 때마다 보여 준 그의 모습은 내게 특별했다. 야구 선수로서 훌륭한 신체조건, 부드럽고 강한 스윙 동작, 타구를 퍼 올리는 스윙 궤적, 맞아 날아가는 타구의 속도나 비거리 등을 유심히 보았다. 마치 미국 메이저리그 샌프란시스코 자이언츠 팀 시절의 '베리 본즈(Barry Bonds)'를 보는 느낌이었다. 내가 보기에 그는 아무리 자신의 재능을 숨기려 해도 그것이 주머니 밖으로 삐져나올 수밖에 없는 그야말로 낭중지추(囊中之錐)였다.

2군 선수가 1군 선발 라인업에 상시로 들어가는 경우의 수는 그리 많지 않다. 주전 선수의 부상이나 장기간의 부진이 전제가 되어 포지션에 공석이 생겨야 하고, 자리가 생겨도 그 많은 2군 경쟁 선수 사이에서 발군의 실력을 보여야 한다. 한 팀에 들어갈 수 있는 자리는 지명 타자를 포함하여 단 열 개밖에 없기 때문이다. 그렇기 때문에 어쩌다 1군에 올라온 선수라면 단기간 활약으로도 감독에게 눈도장을 확실히 받아야 한다. 그 과정에서 운도 많이 따라야 한다. 그런 기회가 언제 내게 다시 찾아올지 아무도 모른다. 1군 무대에 오르려면 그 인고의 시간을 버텨야 한다. 그 기간을 버티지 못하고 낙담하여 선수가 운동을 게을리 하거나 일탈 행동을 해서 스스로 기회를 잃어버리는 경우를 나는 팬으로서 많이 봐왔다.

반면 김재환 선수는 그런 나의 우려를 잠재웠다. 수년 전부터 매년 조금씩 1군에서 볼 날이 많아지더니 2016년 시즌에는 마침내 그가 가진 잠재력이 터졌다. 물론 그에게 운도 따랐다. 주전 선수 김현수 선수가 메이저리그로 가서 마침 좌익수 자리에 공석이 생긴 터였다. 김재환 선수에게도 드디어 기회가 온 것이다. 그 기회를 김재환 선수는 확실히 잡았다. 예상대로 그는 연일 홈런을 쏘아 올렸다.

그해 그는 두산 베어스 창단 후 팀 통산 최다 홈런을 기록한 좌타자로 당당히 자신의 이름을 올렸다. 2016년 시즌에는 타자로서 그가 남긴 모든 기록은 한국프로야구 리그 최상위급 선수임을 자신 스스로 증명했다. 그간 거의 주목받지 못했던 선수가 2016년에 이르러 잠재력이 폭발한 건 준비된 자의 당연한 수순이었다. 그는 수년 전부터 이미 호주머니 밖으로 뚫고 나올 송곳이었지만 때를 기다리고 스스로 다듬고 더 준비하고 있었는지 모른다. 1군에 올라올 기회가 많지 않아 낙담한 채 중간에 스스로 야구를 포기했다든지 연습을 게을리했다면 그냥 그걸로 끝이 될 수도 있었다. 이제는 리그 1위 팀의 주전 4번 타자로서 그는 완전히 자리를 잡았다.

실력을 쌓으면서 때를 기다리는 것

이 대목에서 우리가 알아야 할 교훈이 있다. '자고 일어났더니 스타가 되어 있더라'란 말은 현실에선 거의 일어나지 않는다. 그동안 이 선수 나름대로 얼마나 많은 인고의 시간을 거쳤는지 우리는 잘 알지 못한다. 하지만 하나 확실한 진리는 있다. 실력이 있으면 언젠가 기회가 온다는 점이다. 무대에 설 기회가 올 때까지 자신의 실력을 더 잘 다듬을 수 있는 마음가짐과 행동이 필요할 뿐이다. 바야흐로 자기 PR 시대다. 피할 건 피하고 알릴 건 알려야 한다. 하지만 스스로 만족할 만큼 실력을 다듬는다면 요즘 같은 정보화 시대에 PR은 그리 큰 문제는 아닌 것 같다. 전 국민의 사생활이 실시간으로 알려지고 있는 판국에 굳이 내가 스스로 하지 않아도 남들이 알아서 나의 일거수일투족을 알려 주는 시대다. 김재환 선수는 어차피 세상 밖으로 나올 재목이었다. 자신의 때를 기다리면서 삶의 전환점을 스스로 찾은 좋은 사례로 나는 김재환 선수를 기억하고자 한다. 앞으로 이 선수가 큰 부상 없이 국민 타자 이승엽 선수처럼 꾸준히 성장하여 더 큰 무대로 진출하길 팬으로서 간절히 기원한다.

이처럼 인생에서 큰 전환점을 만드는 것도, 자신에게 잘 맞는 진로를 선택하는 것도 말처럼 쉽지 않다. 전환점을 맞이한다는 것은 운도 작용해야 하는 영역이라서 그렇다. 진로 선택도 언제나 내가 선택하지 않은 것에 대한 기회비용이 존재한다. 이처럼 모든 것이 내 의지와 무관하여 더 힘들다.

그럼에도 불구하고 한 가지 확실한 건 실력이 바탕이 된다면 성공의 씨앗을 품고 있는 것과 같다. 언제든 햇볕과 물이란 조건이 맞으면 화려하게 발아할 수 있다. 누구라도 그 성공의 씨앗, 즉 단단한 실력을 가지고 있다면 타인의 성공을 그렇게 부러운 시선으로만 보지 않아도 된다. 발아 시기가 문제일 뿐 나도 조만간 성공의 대열에 낄 수 있다는 확신을 가져야 한다. '당첨 된다'는 믿음을 가진다면 주머니 속 로또복권은 지금은 비록 종이 쪼가리일지언정 장래 내게 큰 전환점으로 변환될 수 있다. 그걸 가진 자와 가지지 못한 자의 차이는 시간이 지날수록 점점 더 커진다.

비루한 내 인생에도 전환점이 오기를 희망하는가. 그렇다면 세상을 비난하거나 잘나지 못한 부모님을 탓하기 이전에 우선 내가 가진 재능이 무엇인지 파악하고 그에 맞는 실력을 쌓는 것이 우선이다. 내 인생의 전환점은 아직 오지 않았음을 기억하자. 이제 시작이다.

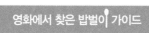

인생의 반전은 이 영화처럼

유주얼 서스펙트(Usual Suspects)

살아가면서 인생의 전환점을 맞이하거나 극적인 반전을 경험하기 쉽지 않다. 현실에서 그런 경험이 쉽지 않기 때문에 우리는 영화에서나마 판타지라는 이름으로 대리 만족을 느낀다. 관객의 요구에 의해 영화는 대체적으로 극적 상황 전개가 필요하다. 누구나 일상생활에서 경험하기 힘든 강한 자극이 필요한 것이다. 내가 영화를 즐겨보는 것도 어쩌면 내 삶에 반전이 부족해서가 아닐까 싶다.

극적인 반전으로 유명한 영화 중에 〈식스센스(Sixth Sense)〉와 더불어 〈유주얼 서스펙트(Usual Suspect)〉를 꼽지 않을 수가 없다. 둘 다 비록 철 지난 영화이긴 해도 영화 팬들 사이에서는 아직까지 손에 꼽히는 명작이라고 말할 수 있다. '하늘 아래 진정 새로운 것은 없다'고 누가 말했다. 〈유주얼 서스펙트〉를 만든 감독도 명작인 〈시민케인〉과 〈라쇼몽〉에서 영감을 얻었다고 했다. 한편 이 영화에서 내가 얻은 영감은 관객의 기대를 통쾌하게 속이는 '맥커핀(macguffin)' 기법이었다. 맥거핀이란 '소설이나 영화에서 어떤 사실이나 사건이 매우 중요한 것처럼 꾸며 독자나 관객의 주의를 전혀 엉뚱한 곳으로 돌리게 하는 속임수'라고 사전에 정의되어 있다. 극적 반전을 더 돋보이게 하기 위해 복선과 대립되는 일종의 '헛다리 짚기' 장치다.

영화의 첫 장면은 선착장에서 장정 27명이 누군가에 의해 모두 살해당하는 사건으로 시작한다. 사건의 범인은 '카이저 소제(Keyser Söze)'라는 전설적 악인이다. 카이저 소제의 얼굴을 본 사람은 세상에 아무도 없다. 그 당시 유수한 범죄인들에게 카이저 소제는 그 이름 자체만으로 공포의 대상이었다. 그야말로 카이저 소제는 악인 중에서도 갑(甲) 중의 갑이었다.

카이저 소제의 소행임을 알 수 있는 그 살인 사건 장면을 영화 속 주요 화자인 '로저(Roser)'가 회상하듯 이야기하며 영화가 시작한다. 마치 할머니가 아랫목에서 손자에게 옛날이야기를 들려주는 식이다. 그날 선착장 사고 현장에 있었던 범죄 집단 일원 가운데 유일한 생존자인 '로저 버벌킨트'가 이 영화의 주요 화자다. 영화는 경찰서 심문실에서 '쿠얀'이라는 심문관이 유력 용의자 절름발이 로저를 심문하는 장면부터 시작한다. 사고 현장에서 로저가 유일한 생존자이기에 그를 심문하는 것은 당연하다. 하지만 그가 카이저 소제라고 생각하는 관객은 아무도 없다. 스포일러지만 사건 현장에서 유일한 생존자인 절름발이 로저가 카이저 소제였다. 실력을 인정받은 심문관 쿠얀은 진범을 심문하면서도 카이저 소제라는 인물에 대해 시종일관 헛다리만 짚는다. 유일한 증인이자 피의자인 절름발이 로저는 어느 윗선의 도움으로 결국 풀려난다. 영화 맨 마지막 장면에 이르러서야 관객은 로저가 카이저 소제임을 확인할 수 있다. 완전한 반전이었다. 영화가 끝이 날 때까지 로저가 카이저 소제일 수 없다는 확신을 대부분의 관객은 가지고 있었다. 화자인 로저가 본인이었던 카이저 소제를 3인칭으로 칭하고 있었고 제작진 역시 여러 맥거핀 기법을 동원하여 충분히 관객에게 혼선을 주고 있었다. 감독이 관객을 속인 것이다.

나는 이 영화를 시간 간격을 두고 세 번 봤다. 맨 처음 본 것은 아득한 대학 시절 TV에서였다. 당시엔 내용 전반을 잘 이해하지 못했다. 마지막 반전 부분

기억만 생생했다. 무심히 '그냥 그런 영화구나'라고 흘려보냈다. '아는 만큼 보이는 것'이라고 그때는 이 영화의 가치를 잘 몰랐다. 약 이십 년이 지나 지금 이 영화를 다시 봤지만 그래도 놓친 장면이 많았다. 세 번째 본 후에야 장면 하나하나의 설정 의도를 조금이나마 이해할 수 있었다. 약 이십여 년 전 만들어진 영화지만 지금 봐도 정말 멋진 영화라고 생각한다.

긍정적 반전을 위해 필요한 것

이 영화를 빌어 다시 진로 이야기를 해 보자. 아직 그리 오래 살지 못했지만 그간의 내 삶을 반추해 보면 '긍정적 반전'이라고 불릴 만한 사건이 두 번 있었다. 그중 하나는 결혼이다. 남자는 결혼해야 사람이 된다는 말이 내겐 딱 들어맞았다. 결혼을 못 했다면 나는 아마 지금쯤 싸구려 원룸에서 컵라면이나 먹으며 구인구직 사이트를 뒤적거리거나 컴퓨터 게임에 몰두하고 있지 않을까 싶다. '인생 최대의 비즈니스가 결혼'이라고 말하는 사람도 있다. 신성한 결혼을 비즈니스로 대비해서 결혼의 격을 떨어뜨리는 것은 아닌지 조심스러워진다. 굳이 비즈니스까지는 아니더라도 결혼이란 더 나은 삶을 위해 나를 통제하는 장치라는 점에서 아주 유용하다.

나의 두 번째 반전은 한 회사로의 이직이었다. 전자 제품을 판매하는 다국적 기업이었다. 여기에서 나는 인생을 살면서 알아야 할 거의 모든 것을 알아버렸다. 나는 그곳에서 능력이 탁월했던 리더, 개인보다 팀을 먼저 챙기는 팀원들, 그리고 내가 믿고 본보기로 삼을 만한 멘토(mentor)를 생애 처음으로 만났다. 물론 그는 나를 멘티(mentee)라고 생각하지 않았을 것이다. 그에 대한 나 혼자만의 짝사랑이었다. 언제나 그는 나의 든든한 본보기가 되었다. 그를 보며 '그와 닮겠다'는 일념으로 일했고 그즈음 나의 '직장력(力)'은 눈부시게 성장했다.

효율적으로 일하는 방법, 나를 어필하는 방법, 일과 삶의 밸런스를 맞추는 방법 등 회사 일부터 개인 사생활까지 그 멘토는 내게 아주 많은 영감을 주었다. 앞서 이야기했듯 진정 똑똑한 사람은 나와 같은 직장에 오래 같이 머물지 않는다고 했다. 그도 역시 잠시 나를 스쳐 지나갔지만 그 짧은 시간은 내게 아주 좋은 기회였고 내가 스스로 나의 인생을 전환할 수 있는 전환점이었다. 그 기회를 나는 잘 잡아 십분 활용했다고 자평한다. 이것이 〈유주얼 서스펙트〉 같은 내 인생의 짜릿한 반전이었다.

긍정적인 사실은 아직 내게 남은 삶이 살아온 날 만큼 많이 남아있다는 것이다. 이미 긍정적인 두 번의 반전을 나는 경험했지만 〈유주얼 서스펙트〉 같은 아무도 모를 더 괜찮은 깜짝 반전이 남아 있을 수 있다는 믿음만으로 내 입 꼬리가 살짝 올라간다.

20 /
취업을 위한
내비게이션

청년층직업지도프로그램(Career Assistant Program Plus, CAP+)'과 취업성공패키지프로그램.

각 개인의 정보 부족 때문에 입사 후 누구나 재교육을 받아야 하는 경우가 많다. 또는 회사가 필요로 하는 역량과 막상 갓 입사한 청년의 역량이 맞지 않아 입사 후 서로 다른 길을 모색해야 하는 경우도 있다. 이 과정에서 재교육에 대한 사회적 비용이 발생한다. 이 비용은 분명 이 나라에서 비즈니스를 하는 기업에게 일정 부분 책임이 있다. 하지만 국가의 친기업 정책으로 온갖 혜택을 받아 온 기업들이 이제 와서 자신들도 힘들다며 청년 고용 및 사회 일원으로서 그들의 재교육 문제에 적극적으로 나서지 않고 있다. 기업들은 신입 사원에게도 현장에서 바로 '써먹을' 수 있는 준비된 인재를 원한다.

기업들이 이 문제에 대해 적극적으로 나서지 않자 그제야 고용노동부가 세금을 들여 한국고용정보원을 통해 청년 고용 교육 프로그램을 만들었다. 그중 CAP+라고 불리는 '청년층직업지도프로그램(Career Assistant Program Plus : 이하 CAP+)'과 '취업성공패키지프로그램'을 소개한다. 결론부터 말한다. CAP+는 꼭 경험해 보기 바란다. 반면 취업성공패키지는 전담 상담사의 자질에 따라 호불호가 갈리는 프로그램이니 참고하기 바란다.

청년층직업지도프로그램(Career Assistant Program Plus : CAP+)

진로갈등의 가장 큰 문제는 정보 부족이다. 정보의 홍수 속에 살고 있는데 그게 무슨 소리냐고 반문할 수 있다. 전 세계 구석구석에서 일어나고 있는 사건 사고를 우리는 실시간으로 받아본다. 유명 연예인들을 포함하여 내 주변인의 사생활까지도 모두에게 노출되어 있는 세상이다. 인터넷만 열면 다 보지도 못할 온갖 뉴스들이 쏟아져 나온다. 하지만 나의 진로 설정을 위해 진정으로 필요한 나만의 정보는 찾아보기 힘들다. 그 정보는 바로 자기 자신에 대한 정보다. 대부분의 청년은 자신이 진정 어떤 사람인지 모른다. 어디로 가야 하는지에 대한 목적지조차 내가 설정하지 않고 나의 부모님이나 주변 타인들의 욕망에 의해 정해진다.

인생을 길 위의 자동차로 비유해 보자. 지금까지 그럭저럭 잘 굴러가기에 내가 가진 엔진이 1,000cc 소형 엔진인지 3,000cc 대형 엔진인지 당시엔 굳이 알 필요가 없었다. 중요한 점은 나 스스로를 '1,000cc급 소형 엔진이다'라고 규정해선 안 된다는 것이다. 내가 가진 잠재력이 어디까지인지 나 스스로도 감히 알 수 없다.

내가 달리게 될 길이 험난한 비포장도로인지, 말끔한 고속도로인지도 지금으로선 알 수 없다.

사회에 첫발을 디디는 청년들이 꼭 알아야 하는 건 자기 자신에 대한 올바른 이해다. 정답은 항상 먼 곳에 있지 않다. 등잔 밑이 제일 어둡다. 자신 스스로가 어떤 사람인지 아는 것이 실로 제일 어려운 일이다. 청년층진로지도프로그램, CAP+는 청년들에게 자신의 내면을 탐구하기 위한 좋은 내비게이션이 될 수 있다.

이 교육은 각 대학 취업지원센터나 고용노동부에 확인해 보면

일정	시간	모듈 명칭	주요 내용
1일차	3	A. 진로와 자기탐색	1. 별칭 짓기와 공통점 찾기 2. want-havelist 3. 꿈의 변천사
	3	B. 경험 및 강점 탐색	1. 10대 뉴스와 인생 곡선 2. 직업 선호도검사를 통한 나의 직업 흥미와 특성 및 강점 파악
2일차	3	C. 의사결정과 기업 탐색	1. 의사결정 유형 진단 2. 진로 의사결정 연습 3. 기업정보 탐색과 공유
	3	D. 취업 상식과 매너	1. 기업 운영 원리와 테스팅 게임 2. 기업과 직장인 매너
3일차	3	E. 구직 서류 준비	1. 취업 서류 준비 과정 이해 2. 이력서 작성과 검토 3. 자기 소개서 작성과 검토
	3	F. 면접 준비	1. 면접 이미지메이킹 2. 면접 전략 이해 3. 면접 역할 연습(롤플레이)
4일차	3	G. 실전 모의 면접	1. 모의 면접 실시 2. 모의 면접 피드백 공유
	3	H. 취업 성공 요소 분석	1. 취업 핵심 성공 요소 찾기 2. 취업 준비 행동 실천 계획 수립 3. 장점 폭격
총시간	24		

CAP+ 프로그램 목차(A부터 H까지 8개 과정이 있다.)

어디서 받을 수 있는지 확인할 수 있다. 교육 기간은 3~4일 정도
며 식사도 제공하는 무료 교육이다. 일정 자격을 갖춘 수강생에게
교육 수당도 지급한다. 사회생활 경험이 많은 강사라면 같은 내용
이라도 교육생에게 전달하는 능력 면에서 뛰어나겠지만 이 프로
그램은 정해진 커리큘럼이 있는 매뉴얼 교육이므로 강사의 질적
수준은 그렇게 중요하지 않을 수 있다.

이 프로그램은 사회에 첫발을 내딛을 청년들에게 분명 도움이
된다. 이 프로그램은 같은 목적을 가진 비슷한 연령대의 청소년
또는 청년층 10~20명 내외가 참여하는 집단 상담 프로그램이다.
집단 프로그램의 특성상 타인의 시각에서 보는 나의 현재 위치를
파악하여 나를 좀 더 객관적으로 볼 수 있는 시각을 갖게 한다. 프
로그램 첫날은 자기 탐색과 자신의 강점을 탐색하는 날이다. 이후
일정에서 취업 관련 정보를 습득하는 실천적 방법은 물론 이력서
나 자기 소개서를 쓰고 실전 면접을 연습해 볼 수 있다. CAP+ 교
육은 진로 문제에 고민하는 청년층에게 분명 도움이 되는 프로그
램이다.

물론 약간 아쉬운 점도 있다. 교육 내용 중 일부는 다소 진부하
다. 이력서와 자기 소개서를 쓰는 방법을 알려주는 부분에서 이
교육은 다분히 모범 답안만을 제시한다. 면접할 때 응대법도 마찬
가지다. 이 교육을 받았던 청년들은 면접장에서 교육 받았던 대로
정답만을 말할 수 있다. 면접관은 모두 똑같은 정답만을 말하는
후보자 중 누구를 뽑아야 할 지 고민스러울 것이다.

또 다른 예를 들어보면 다음과 같다.

G모듈의 실전 모의 면접 부분에 이런 내용이 나온다. 면접 후보자는 면접장에 택시를 타고 가서 회사 정문에 내리면 안 된다고 한다. 일개 면접자가 택시를 타고 다니는 모습을 그 회사 직원이 본다면 건방지다고 생각할 수 있다고 한다. 글쎄? 돈이 없으면 몰라도 면접자가 면접 보러 다닐 때 굳이 지하철이나 버스만 타고 다녀야 할까?

다른 사례도 많다. 면접장도 아닌 면접 대기실에서 면접 대기자는 다리를 꼬고 앉으면 안 된다고 나온다. 대기실에서 껌도 씹으면 안 된다고 한다. 일반적 슈트케이스가 아닌 한쪽 어깨로 메는 가방이나 배낭을 메도 안 된다고 한다. 이 부분에서 피식 웃음이 나온다. 우리 직장에서 아직도 가부장적 고정관념이 남아있는 부분이다. 지금의 청년층이 입사하여 부장님이 될 정도의 시간이 흐른다면 달라질까? 신입 사원이나 면접 대기자의 자세는 이래야 한다고 못 박고 있다. 이처럼 군데군데 획일적인 면을 강조하는 부분은 좀 아쉽다. 우리 사회가 아직도 그리 유연하지 않다는 방증이기도 하다. 그런 점만 간과하고 넘어간다면 CAP+는 진로 설정에 고민하는 청년층에게 유용하다.

고용노동부 취업성공패키지?

CAP+는 3~4일간의 단기 집단 프로그램이다. 언급했다시피 A~H 모듈까지 큰 목차가 있고 강사는 그 목차에 맞게 프로그램을 진행한다. 아주 표준화된 프로그램이다. 반면 취업성공패키지는 CAP+와 성격이 좀 다르다. 굳이 말하면 취업성공패키지는 CAP+처럼 단기 집단 프로그램이 아닌 중장기 개인 상담 프로그램이다.

이 프로그램은 고용노동부에서 직접 시행하기도 하고 대학 내 취업 지원 부서나 취업 알선 관련 민간 위탁 기관이 국가로부터 지원금을 받아 프로그램을 대행하기도 한다. 일정 요건을 갖춘 프로그램 참가 대상자는 무료로 이 프로그램에 참여할 수 있다. 뿐만 아니라 교육 참여자는 CAP+처럼 약간의 교육 훈련 수당도 받을 수 있다. 당장 용돈이 필요하면 이 프로그램에 참여해도 된다.

이 프로그램을 신청하면 참여자에게 전문 상담사가 1대1로 배정된다. 참가자는 기간을 두고 몇 차에 걸쳐 상담사와 상담을 한다. 약간의 수당을 주는 대신 상담사는 상담 때마다 참가자에게 약간의 숙제를 준다. 숙제는 적성 검사 따위의 지필 검사나 자기 이해와 관련한 간단한 것들이다. 전문 상담사와 상담을 통해 참가자는 자기 이해를 증진할 수 있고 자신에게 맞는 외부 교육 훈련도 국비로 신청하여 받을 수 있다. 참가자가 프로그램 절차를 잘 이수했다면 전담 상담사로부터 최종적으로 취업 알선을 받는다. 이 부분이 프로그램 참여자로서 가장 구미가 당기는 부분이다. 고용노동부 전문 상담사가 소개해 주는 일자리라면 곧 채용이 될 수 있을 것 같은 믿음이 생긴다. 하지만 취업성공패키지는 딱 여기까지다.

CAP+는 개인 이해와 취업 실전 연습을 통해 개인의 취업을 간접적으로 돕는다. 반면 고용노동부 입장에서 본다면 취업성공패키지는 그보다 좀 더 구체적 목표를 가지고 있다. 취업성공패키지는 취업률을 높여야 하는 국가적 지상 과제를 해결하기 위한 직접적이고 적극적인 프로그램이다. 국가가 괜히 돈을 들이는 건 아니다. 전담 상담사나 민간이 위탁받은 취업 알선 기관은 취업률을 포함한 여러 기준에 의해 고용노동부로부터 특정 기간 동안 업무 성과를 평가받는다. 참가자는 취업을 할 수 있어서 좋고 고용노동부는 대외적인 취업률 수치를 높여서 좋다.

이 프로그램에 참여하고자 한다면 한 가지 알아야 할 사항이 있다. 전담 상담사의 자질에 따라 참여자의 만족도나 호불호가 갈린다는 점이다. 개인의 취업 문제를 이런 프로그램을 통해 나라가 개입했지만 지금의 취업 대란이면 백약이 무효다.

취업을 알선하는 상담사가 남들 모르는 양질의 구인 정보를 혼자만 가지고 있을 리 만무하다. 구직자를 찾는 양질의 기업은 적정 인재를 찾기 위해 그동안 거래를 해 왔던 믿음직한 헤드헌팅 기업에 인재 추천을 의뢰할지언정 먼저 정부 기관의 취업성공패키지에 구직자를 의뢰하지 않는다. 프로그램을 담당하는 전문 상담사에게 책정된 급여액도 전문인이란 명칭에 걸맞지 않다. 전원 계약직이다. 임금 수준도 부끄러워 말 하지 못할 수준이다. 정규직 공무원의 복지나 수당 제도를 감안한다면 취업성공패키지 상담사 임금은 말단 공무원 수준보다 못하다. 이런 열악한 프로그램에 자질을 갖춘 고급 상담원이 유입될 리 없다.

취업성공패키지는 절차가 정해진 매뉴얼 프로그램이다. 여기서 상담사는 내담자의 멘토나 진정한 의미의 직업 진로 상담사가 아닌 단지 프로그램 진행자로 둔갑해 버리는 경우가 많다. 상담의 목표는 내담자가 자신의 모습을 깨닫게 하고 스스로 의사 결정을 할 수 있도록 돕는 것이다. 상담사들은 이런 진정한 의미의 상담보다 고용노동부가 내 준 격무를 털어 내야 하는 것에 더 허덕인다. 박봉에 실적 스트레스까지 더해진다. 상담사가 맡아야 할 참여자 수가 너무 많은 탓도 있다. 게다가 고용노동부에서 요구하는 각종 행정 업무가 상담사 고유의 업무에 제동을 걸기도 한다. 고용노동부의 관심은 프로그램 참여자의 질적 만족이 아니다. 그들의 관심은 상담사를 달달 볶아 취업률을 독촉하는 것이다. 공무원들의 관심사란 언제나 다 똑같다.

상담사의 전문성 문제도 언급하고자 한다. 논란의 여지가 있는 부분이지만 내 의견을 소신껏 말하고자 한다. 취업성공패키지 직업 상담사의 자격은 직업 상담사 자격증을 보유하고 관련 직종에 최소 3개월 이상 근무한 경험이 있는 경력자다. 자격증이란 그저 입직을 하고자 하는 '개나 소나'를 솎아 내기 위한 최소한의 장치일 뿐 상담사의 자질을 담보하지 못한다.

대부분의 자격증이 그렇듯 자격증과 실무 능력과 상관관계는 거의 무관하다. 이런 이유로 관련 분야 최소 경력 3개월이 그 상담사의 능력을 판가름한다. 3개월 경력이면 그야말로 어디에 내놓아도 신입 사원이다. 신입 사원이 간절한 마음을 가지고 방문하는 취업 희망자를 상담하기란 애초부터 무리다. 이런 상황에서 내담자가 전문인으로서 상담자에 대한 존경심을 가질 수 있을까. 상담이 물론 내담자를 리드할 만큼 내공이 있어야 하는 것은 아니다. 상담자는 리더나 해결사가 아니라 내담자 스스로 문제를 해결할 수 있는 중재자 역할을 한다. 하지만 신입 수준의 경력으로 내담자의 능력을 끌어내기에는 아무래도 무리가 있을 수 있다. 대학에서 심리학이나 상담학을 전공했거나 관련 분야 저서라도 한 권 출간한 상담사가 전국에 몇 명이나 될까.

프로야구로 비유해 보자. 팀 성적 부진에 사실 선수가 뭔 잘못이 있을까? 선수는 흔한 말로 개인 사업자다. 매년 연봉을 더 많이 받기 위해 경기마다 최선을 다하는 사람들이다. 이런 면에서 본다면 제대로 된 선수를 영입하지 않고 체계적으로 선수의 능력을 실전에서 이끌어 내지 못한 구단과 프런트 그리고 코치진의 책임이 더 크다. 그들이 선수 개개인의 역량을 최대한 끌어낼 능력이 부족하다면 경기력이야 불 보듯 뻔하다.

이와 관련하여 고용노동부의 선수 선발 및 양성에 문제를 제기한다. 상담사의 수요가 급증하여 전문 상담사 인재 풀이 모자라 행여 고용노동부가 신입 사원급 상담사를 뽑더라도 그들의 능력을 체계적으로 훈련하는 것에 관심이라도 있는지 모르겠다. 상담사에게 책정된 급여가 모든 것을 말해 준다. 말도 안 되는 박봉 때문에 능력 있는 상담사는 발길을 외면한다. 교육이나 훈련은커녕 상담사 업무 본질을 빗겨 간 많은 행정 업무에 그들은 혀를 내두르기 일쑤다.

모두가 만족할 정책은 없다

취업은 이제 개인만의 문제가 아니다. 나라 정책 책임이 크다. 그 책임을 인정하기에 정부는 많은 세금을 들여 취업성공패키지라는 프로그램을 운영한다. 하려면 제대로 해야 한다. 시행착오라 생각하고 과거는 묻어 두자.

고용노동부는 이 프로그램 운영에 대해 앞으로 개선할 의지가 있는지 묻고 싶다. 국회의원 누군가가 이 부분을 집요하게 물고 늘어지면 고용노동부 정책 입안자는 책임을 회피하고자 이듬해 이 프로그램을 폐지할 수도 있겠다. 수고와 노력을 들여 발전을 이루고 보람을 찾는 것보다 발전 과정에서 문제가 생겨 공무원 자신들이 곤란해지는 것을 꺼리는 것이 공무원들의 습성인 것을 나는 잘 안다.

그렇다면 취업성공패키지 프로그램의 핵심 성공요인은 무엇일까. 정답은 상담사의 자질과 능력이다. 이 프로그램을 통해 정부가 원하는 고용률이나 취업률 같은 숫자가 늘었는지 몰라도 실제 프로그램에 참여한 참가자들의 만족도는 그리 높지 않다고 여러 언론에서 다룬 바 있다.

이 프로그램을 통해 취업 알선을 받은 구직자의 근속 기간도 아주 짧다고 한다. 당연하다. 상담사가 가진 구인 업체 풀(pool)이 다 '그 나물에 그 밥'이다. 실상이 그렇다. 얼마 안 되는 참여 수당이라도 받기 위해서라면 참여자로서 이 프로그램은 유용하다. 상담사가 내 주는 간단한 숙제만 하면 약간의 참여 수당을 받을 수 있다. 반면 참여자가 이 프로그램을 통해 인생 진로를 설정하거나 안정된 직장에 취직하기를 바란다면 다시 한 번 생각해 보길 바란다. 나라에서 불특정 다수의 국민을 위해 시행하는 취업 정책에 모두가 만족할 수 없다. 우리는 정부 정책의 메리트를 잘 파악하여 내 것으로 만들 건 만들되 결국 최종 진로 설정은 각자가 알아서 하는 것이다.

21

이성을 잘 만나는 것이
고수의 재테크

배우자를 잘 만나는 것은 중요도로 따지면 인생의 거
의 절반 이상이다.

이번엔 지극히 속물적이고 현실적인 이야기를 하려 한다. 고매
한 인격을 가지신 분들은 이 부분은 건너뛰어도 좋겠다. 바로 돈
과 이성 이야기다. 성인이 된 후 나이가 적든 많든 대체로 많은 고
민과 갈등이 바로 돈과 남녀 문제에서 비롯한다. 혹자는 청년 시
절 고민과 갈등의 근원을 '자아실현'이나 '행복' 같은 이상주의적
단어와 실제 그렇지 않은 현실과의 괴리에서 비롯한다고 말한다.

결국 그 현실이라는 단어의 바탕엔 언제나 돈 문제가 깔려 있다.
먹고 사는 일은 그 누구도 함부로 이야기할 수 없을 만큼 어려운 단
어다. 이와 관련하여 먼저 돈 문제에 대해 좀 더 솔직하게 이야기
해 보자.

신입 사원의 수준에서 재테크의 기본은 누가 뭐래도 일단 종잣
돈을 마련하는 것이다. 취직을 하게 되면 매월 꼬박꼬박 월급이란

일정 금액을 손에 쥐니 하고 싶은 것이 많아진다. 그래서 이것도 사고 저것도 산다. 그리고 '건강이 최고'라며 가지도 않을 헬스클럽 회원증도 마련한다. 20대의 소비는 자기에 대한 투자라며 아름다운 오해를 하기 시작한다.

때로는 월급만으론 부족해서 신용카드를 만들어 긁어대기 시작한다. 신용카드를 여러 장 만들어 이리 막고 저리 막으면 모이는 돈은 없어도 큰 빚을 지지 않고 재정이 그럭저럭 굴러가는 것 같다. 돈이 없어 힘들었던 취업 준비생 시절에 비하면 한 달 벌어 그 달 먹고살기 바빠도 언제든 돈을 융통할 수 있는 직장인 시절이 훨씬 더 좋은 법이다.

이러다 보니 매월 월급날은 내 월급이 통장에서 '로그아웃(log out)'되는 날이 된다. 통장에 월급이 들어오자마자 그간 '싸질렀던' 흔적을 메우기 위해 내 월급은 주인인 나조차도 모르게 여기저기로 금세 다 빠져나간다. 정작 통장 잔고는 없는데 다음 달 어김없이 돌아올 빚만 남게 된다. 그 순간부터 나는 그야말로 '월급쟁이 신세'로 전락한다. 이때부터 내가 아닌 은행을 위해 일을 해야 하는 처지에 놓인다. 이런 경우가 개인 돈 관리 면에서 최악의 경우다.

위 이야기는 그나마 우리나라가 경제 활동이 활발했던 1990년대 후반에 신입 사원 시절을 보냈던 나의 이야기다. 먹고살기 진짜 힘든 요즘에 이런 경우는 그리 많지 않다고 믿고 싶다. 청년 시절 재테크는 역시 정답이 정해져 있다. 받는 월급이 한정되어 있기 때문에 선택지도 그리 많지 않다. 선택지 중 위의 사례는 확실한 오답이니 소거법에 의거하여 우선 그 문항에 사선을 쭉 그어 버리자. 정답은 여러 개이고 부분 점수를 얼마든지 줄 수 있으니 아래 내용을 보고 각자 채점해 보기 바란다.

신입 사원 재테크, 이 세 가지만이라도
1. 필수적인 보험을 몇 개 든다.

이 부분은 보험사 직원이 전문가이지만 그들은 장사꾼이니 믿을 만한 사람을 골라 컨설팅은 받되 최종 판단은 본인이 한다. 보험 가입의 원칙은 월수입의 일정 비율을 넘지 않는 수준에서 한다. 보험은 저축이 아니다. 집을 지었으니 담이나 울타리를 만들어야 한다. 보험은 그런 개념으로 이해해야 한다. 집을 짓는 시점에 위험으로부터 나를 보호해 줄 담이나 울타리를 만드는 것이 길게 보면 차라리 돈이 적게 든다. 그럼에도 많지 않은 월급에 나중에 돌려주지도 않을 것 같은 보험에 돈을 쓰자니 아깝기만 하다. 하지만 보험과 저축은 성질이 다르다는 것을 분명히 알기 바란다.

지금 건강하다면 병원에 자주 가야 혜택을 많이 볼 수 있는 실손보험은 좀 뒤로하고 우선 연금에 관심을 가져 보자. 당장 먹고살기 바쁜데 몇 십 년 후에나 받는 연금이라며 탄식한다면 할 수 없다. '우리 아버지는 그때 강남 노른자위 땅은 안 사시고 뭐 하셨을까?' 라고 삼십 년 후 후회하는 것과 같다. 연금 저축은 그 자체도 좋지만 월급을 받는 직장인이라면 매년 꽤 쏠쏠한 소득공제 효과가 있다. 직장인에게 절세만큼 좋은 재테크는 없다. 단 연금저축은 중도 해약하지 않을 자신이 있는 사람에게만 좋은 재테크 수단임을 밝힌다.

2. 이건 좀 무리다 싶을 정도의 금액을 정기 적금에 가입한다.

은행 이자가 너무 적다고 투덜거리지 말자. 지금의 초저금리 시대에 이자로 재테크 할 생각은 아예 하지 말라. 내 수중에 현금 1억 원이 있어 은행에 맡겨도 1년 이자는 정말 한숨 나올 만큼만 준다. 월 이자를 재테크로 생각하지 말고 자신의 연봉을 그 이자 금액 이상 올릴 생각을 하는 것이 더 현명한 재테크다.

그럼에도 정기 적금은 꽤 유용하다. 정기 적금은 굳이 이자를 논하지 않더라도 최소한 돈을 단단한 줄에 묶어 둘 수 있는 효과가 있다. 이것저것 쓸 돈 다 쓰고 남는 돈으로 적금 든다고 생각하면 역시 적금에 부을 돈은 없게 마련이다. 가슴 아파도 월급의 일정 부분은 아예 없다고 생각하고 뚝 잘라 먼저 적금에 가입한 후 나머지 돈으로 생활해야 한다. 목줄 풀린 강아지는 언제 도망갈지 모르는 법이다.

3. 평소 씀씀이를 줄인다.

씀씀이를 줄인다는 것이 말처럼 쉽지 않지만 젊을 때 습관이 평생을 좌우한다. 돈이란 써야 할 때 정승처럼 써야 하지만 벌어야 할 때에는 개처럼 악착같이 벌어야 하는 것이다.

궁핍했던 시절을 벗어나 취직을 하여 스스로 돈을 버니 그간의 경제적 궁핍을 해소하기 위한 보상 심리가 한꺼번에 치솟는다. 그런 심리를 충분히 이해할 수 있다. 나조차 청년 시절에 그 달콤한 보상 심리를 이겨 내지 못했으니 더 이상 할 말은 없다. 절제를 미덕으로 알고 사는 보살이 되라고 말하고 싶지는 않다. 단지 적정선을 지켜내는 것이 관건이다. 단지 힘들게 번 돈을 헛되이 쓰는 경우는 경계하자. 비싼 점심 사 먹고 그 점심 값만큼 비싼 브랜드 커피를 아무렇지도 않게 사 먹는다. 소소하지만 그런 돈이라면 아까운 줄 알아야 한다. 스타벅스 커피 잔을 들고 도심 거리를 활보한다고 해도 뉴요커가 되지는 않는다. 그런 브랜드 커피를 아무렇지도 않게 한 잔 사먹는 동안 나 또는 내 주변 친구가 회사를 그만둔 후 자신만의 커피 매장을 오픈할 기회가 점점 더 줄어든다. 좌석 버스 탈 돈이 아까워 일반 버스를 타면서 양주 파는 지하 단란한 술집에서 호방하게 카드를 긁어대는 어리석은 일은 하지 말아야 한다. 그 돈이 어떻게 번 돈인가 생각하면 절대 쉽게 쓸 수 없다.

이성을 잘 만나는 것이 고수들의 재테크

이번엔 이성 이야기를 해 보기로 하자. 뭐 좀 속물처럼 들릴지 모르겠다. 필자를 욕해도 할 수 없다. 세상에 이미 밝혀진 진리가 아니고 단지 내 생각이 그렇다는 것이다. 경제적 이유로 요즘은 혼자 사는 사람이 많지만 적정 시기에 결혼을 한다는 전제로 이야기를 해 보자. 혼자 사는 것이 대세가 되었지만 혼자 사는 것이 결코 좋은 것만은 아니다. 인연은 영화처럼 우연히 이루어진다고 생각해서 한 해 한 해 그 오지 않는 임을 기다리며 나이만 먹고 있는 건 아닌지 잘 생각해 보시라.

배우자를 만나는 것을 중요도로 따지면 인생의 거의 절반 이상이다. 결혼 전 기간보다 결혼 후 살아가는 기간이 대체로 훨씬 더 길다. 어쩌면 좋은 배우자를 만나 결혼에 성공하는 것이 인생 결정의 중요도로 말하자면 절반 이상이다. 차를 잘못 샀다면 팔아치우고 바꾸면 그만이다. 직장이나 진로 선택을 못했다 해도 역시 마찬가지다. 약간의 수고와 경제적 손실을 감내하면 그만이다. 하지만 나의 경험 미숙과 노력 부족으로 인해 결혼할 배우자를 잘못 선택했다면 그 여파는 실로 크다. 이제는 이혼이 개인적 흠이 아니라고 말하는 사람도 있지만 파혼이란 양가의 문제를 넘어 자식의 미래에도 적지 않은 영향을 미친다. 고작 몇 만 원짜리 전자 제품을 살 때도 수십 번 인터넷을 검색하여 흔히 말하는 '호갱(호구)'이 되지 않으려 신중히 선택한다. 반면 평생 반려자를 고르는 데는 떨떠름하게 행동하는 사람이 많다. 이 사람 저 사람 많이 만나면 문란한 사람이라는 취급을 받을까 싶어 노심초사하기도 한다. 똑똑한 척하지만 인간은 결코 합리적이지 않은 동물인 것 같다.

행여 내가 가진 것이 없어 소위 말하는 흙수저로 태어났다면 어쩌면 결혼은 내 팔자를 바꿀 수도 있는 유일한 기회일 수 있다. 누구나 좀 더 돈을 벌고 사회적으로 안정적인 입지를 구축한 후 결혼하고 싶겠지만 그건 모두가 바라는 일이기에 그런 일은 대체로 잘 이루어지지 않는다.

남자는 본인이 가진 것이 없어서, 여자는 좋은 남자가 없어서 결혼을 안 한다고 한다. 대체로 그런 이유인 것 같다. 그런 각자의 현안으로 결혼 성사가 힘들겠지만 인생 전반의 성공을 긴 호흡으로 논한다면 결혼은 일단 하는 것이 유리하다. 결혼이 타인에 의해 강제하는 것이 아니고 자발적 선택이기 때문에 결혼으로 내 인생이 더 나락으로 떨어질 확률보다 지금보다 좀 더 나은 삶을 살 가능성이 조금은 더 높다고 말하고 싶다.

이 지점에서 '준비가 덜 돼서'라고 변명하지 말자. 이 힘든 세상에 살면서 과연 준비된 남녀가 얼마나 될까. 머리 꼭대기가 아닌 무릎 정도의 높이에서 남녀가 만나 결혼해서 같이 머리 꼭대기까지 차츰차츰 같이 만들어 올라가는 것이 더 현실적인 판단일 수 있다. 여하튼 결혼이란 이벤트는 모두에게 만만치 않지만 인생에서 꼭 해결해야만 하는 일생일대의 사건인 것은 틀림없다. 그 중요한 이벤트가 우연히 그리고 별 노력도 안 했는데 영화처럼 드라마처럼 멋지게 인연을 만날 것을 바라는 건 너무 유아적 생각이다.

한창 젊은 시절 지금 내 전성기가 막 지나고 있다면 그 이후부터는 해가 거듭할수록 결혼 시장에서 나의 시장 가치는 떨어지게 마련이다. 나이가 들수록 결혼이 더 힘들어지는 것도 다 이런 이유 때문이다. 좋은 배우자를 만나기 위해선 많은 이성을 만나 봐야 한다. 정말 당연한 말이다. 이성 관계가 복잡한 사람들을 바람둥이라며 속으로 그들을 비난하거나 시기하고 있다면 보나마나 패배자는 이미 당신이다.

좋은 배우자를 만나는 방법은 단순하다. '유유상종(類類相從)'이란 말을 떠올리면 된다. 정답은 자기 스스로가 능력 있고 인격적으로 훌륭한 사람이 되는 것이다. 자신이 좋은 사람이 되고자 노력하고 그렇게 된다면 자연스럽게 내 주위로 나와 비슷한 수준의 이성이 다가온다.

이것만으로는 부족하다. 당연히 이성을 많이 만나 보고 경험해 봐야 한다. 굳이 수학적 확률을 말하지 않더라도 이는 당연한 이치다. 하지만 전통적 유교 문화의 정조 관념이 우리 내부에서 완전히 사라지지 않았다는 사실이 유감이다. 이성 관계가 복잡한 사람을 우리는 경계한다. 좋은 이성을 만나는 건 내 인생 절반 이상의 중요도를 가진 과업이다. 우리 부모님 세대부터 이런 고리타분한 유교적 관념에서 벗어났으면 좋겠다.

아쉽게도 학교에서는 좋은 이성을 만나는 법을 알려 주지 않는다. 제대로 된 성교육도 이루어지지 않는다. 우린 모두 이 부분에 너무 서툴다. 쓸데없이 유교적이거나 도덕적인 잣대에 의해 단지 조신하게 행동한다며 겨우 몇 명의 이성만을 만나서 그중 한 사람을 선택하고 결혼한다.

그렇게 만나도 운이 좋아 행복하게 잘 사는 사람도 있다. 하지만 더 많은 표본 중에서 한 사람을 고르는 것이 확률적으로 좋은 배우자를 얻을 가능성이 더 높다. 표본의 양도 그렇지만 많은 이성을 만나면서 사람 보는 눈도 더 좋아지게 마련이다. 이 지점에서 이렇게 말하는 사람도 있다.

"이것저것 다 필요 없고 결혼에서는 필(Feel)이나 둘 간의 사랑이 제일이야."

　그런 청춘이라면 이 글을 끝까지 읽고 다시 한 번 생각해 보길
바란다.

　사람은 누구나 자신이 사귀는 이성에 대해 환상에 사로잡히거
나 눈에 콩깍지가 쓰인 채 결혼을 한다. 그 당시 눈에 콩깍지가 쓰
였기 때문에 다른 건 조금 덜 따지고 결혼을 한다. 하지만 결혼 생
활을 해 보면 결국 현실임을 금세 느끼게 된다. 아이를 낳고 긴 시
간 같이 살다 보면 끓어오르는 사랑보다 생활의 안정 속에서 상대
에 대한 믿음과 배려가 훨씬 더 중요하다는 사실을 깨닫게 된다.

　그런 배경에 현실적인 문제가 개입되지 않을 수 없다. 행여 좀
덜 사랑해도 세상 살아가는 현실적 능력이 있는 배우자가 좋은 법
이다. 배우자에 대한 환상과 사랑은 정말 오래가지 않는다. 우리
나라에서 간통죄가 사라진 이유도 이와 무관하지 않다. 결혼 후에
도 불륜 사건 사고는 끊이지 않는다. 사랑이 영원하지 않음을 알
려 주는 방증이 될 수 있는 부분이다. 그래서 결혼을 위한 배우자
를 고르는 상황에선 둘 간의 사랑을 2순위로 놓는 전략적 선택이
필요하다.

　영원할 것 같은 사랑이라는 감정보다 결혼을 더 나은 삶을 위
한 도구로 생각해 보면 어떨까. 그런 관점에서 본다면 배우자 선
택 1순위는 기본 바탕이 좋은 사람이다. 소고기처럼 사람의 등급
을 따질 수 없지만 속물적으로 생각해서 유유상종 중에서도 나보
다 여러모로 조건이나 배경이 나은 사람을 고르는 것이 좋다. 나
보다 모든 면에서 나은 배우자와 살면 자신이 상대방에게 콤플렉

스를 느낀다고 말할 수 있겠다. 그런 건 각자 개인기로 돌파하시길. 아내의 사업장 문을 열어 주고 아내로부터 적정 금액 용돈을 받아 그날 하루 재밌게 사는 셔터맨(shutter man) 전성시대가 곧 오지 않을까.

배우자를 잘 만나는 것이 애(愛)테크이자 인생 최대의 재테크다. 오를 만한 주식 종목을 찾느라 모니터만 바라보지 말고 나를 행복으로 이끌 진정한 애테크에 전념해야 할 시기가 바로 청년기다. 결혼 시장에서 가장 값나가는 시기에 내 인생의 배우자를 찾지 않고 회사 일에만 매달리는 건 인생 전반을 걸쳐 생각해 본다면 아주 비효율적이다. 우리 아버지들 세대라면 가정보다 회사 일이 우선이었지만 현명한 요즘 세대는 그러지 않으리라 생각한다. 누구와 더 오래 살아가야 할지 잠시만 고민하면 정답은 바로 나온다. 회사에선 회사를 위해 뼈를 묻으며 일할 것처럼 행동하되 회사 밖으로 나오면 내 인생 전반의 실속을 차려야 한다. 쉽지 않기에 전략적 판단과 전술적 행동이 필요하다. 모두 힘내시길.

청년 시절 사랑은 소설처럼

러브픽션

얼마 전 유명 외국 작가의 소설을 읽다가 중간에 그 책을 덮었다. 활자가 너무 작아서 눈이 많이 피로한 것도 있었지만 그보다 더 큰 이유는 내용이 머릿속에 잘 들어오지 않았기 때문이다. 어색한 번역 문체에 원인이 있었다. 전문 번역 가가 아닌 마치 고등학생 정도의 영어 실력을 가진 아르바이트생 번역자가 그 소설을 번역한 것 같았다. 유명 작가의 명성에 비해 번역자의 매끄럽지 못한 문장 구사 능력이 그에 미치지 못한 것 같아 많이 아쉬웠다.

소설은 가독성이 아주 중요하다. 소설이라면 독자가 책을 놓지 못하게 만들어야 한다. 가독성이란 플롯의 당위성이나 구성의 치밀함 같은 원론적인 소설 기준도 중요하지만 술술 책장을 넘기게 만드는 매끄러운 문장 구사력도 매우 중요하다. 꼭 읽어야 하는 소설이 아니고서는 몇 장 보다가 영어 참고서의 번역 문처럼 눈에 잘 들어오지 않으면 던져 버리면 그만이다. 세상에 보고 읽을 것들이 넘쳐 나기 때문이다. 내가 읽다가 던져 버렸던 그 소설의 아쉬움을 보상 받기 위함일까. 이번엔 술술 잘 넘어가는 영화 한 편을 골랐다. 언젠가 기내에서 조그만 좌석 모니터로 비몽사몽 중에 대충 봤던 영화인데 눈보다 멋진 대사에 귀가 더 즐거웠던 영화였다.

남자 주인공 구주월(하정우)은 변변찮은 소설가다. 그는 우리가 흔히 말하는 이 시대 루저(loser)다. 소설 쓰는 사람이 어느 순간부터 우리 사회에 루저가 되어 가고 있는 것 같아 씁쓸하다. 하긴 문학계가 거의 붕괴된 요즘, 우리나라에서 소설가는 이제 더 이상 직업이 아니다. 소설 쓰기란 고상한 취미 생활이지 먹고살 수 있는 직업과 무관하다. 그런 그가 어느 날 이희진(공효진)을 만나면서 벌어지는 둘 간의 로맨스를 코미디의 옷을 입혀 술술 넘어가게 만든 영화다.

영화를 보는 나만의 기준은 두 가지다. 하나는 앞서 말했다. 소설을 보는 것처럼 일단 화면이 억지스럽지 않고 자연스럽게 잘 넘어가야 한다. 그리고 나머지 하나는 내 마음이 움직이느냐 마느냐 여부다. 설정이 어설프거나 너무 과하면 나는 중간에 전원을 꺼버린다. 문장 번역 능력이 부족한 얼치기 번역가가 지루한 번역 투의 문체로 번역한 소설과 같은 운명이다.

우리 시대 루저로 나오는 구주월을 보면서 그가 아름다운 여자 희진과 잘 되길 나는 바랐다. 남녀 주인공의 첫 만남부터 내 마음이 벌써 움직이기 시작했다. 무릇 남녀 간 연애란 상대를 내 것으로 만들기 위한 다방면의 시도에 초점이 맞춰지기 마련이다. 잡아 놓은 물고기라면 관심도 없겠지만 대상어를 잡기 위한 남자의 집념이나 열정을 불태우는 과정을 제3자로서 보는 것은 정말 재미있다.

이 상황에서 구주월이 선택한 어구(漁具)는 극중 소설가답게 그의 유머 있는 문장력과 감동스런 언변이었다. 이 영화에서 놓쳐서는 안 될 장면이 바로 그 문장력과 언변을 보여 주는 두 장면이다. 하나는 첫 구애를 위해 구주월이 희진에게 쓴 편지를 읽는 장면이고, 나머지는 조그만 술집에서 구주월이 그녀에게 날리는 문학적인 구애 멘트다. 먼저 구주월이 희진에게 고어체로 쓴 연애편지의 전문을 보자.

안녕하시오, 희진 낭자. 지난 밤 백림의 한 연회에서 호상간의 인사를 나눴던 왔다 갔다 하는 구주월이라 하오. 당시 연회가 벌어졌던 주점은 각국에서 몰려온 영화 사절들로 장날 저잣거리가 무색할 만큼 북새통을 이뤘던 터였지요. 본인 역시 일국의 문화 청년을 자처하던 자로서 수다한 인사들과 하릴없이 농짓거리를 나누던 차에 뜻하지 않게 낭자를 뵙고 님의 자태에 혼절이라도 한 듯 정신이 아득하고 혼백이 산란하여 오뉴월 누렁이마냥 혀를 꽉 깨물고 애꿎은 타액만 드립다 들이켰소만, 공맹의 도리를 다 알지는 못하나 초면의 예를 살뜰히 갖추지 못한 것이 못내 아쉽고 참으로 송구하여 이렇게 서한을 띄우게 되었소. 요즘 그리 분주하지 않으시다면 이번 주말 저녁 한수에 배나 띄워 놓고 칵테일이라도 한 사발씩 홀짝이면서 저물어 가는 봄밤의 정취를 나누고 싶은데 결례를 무릅쓰고 어렵사리 용기를 내었으니 부디 망측하다 꾸짖지 마시고 가슴 벅찬 리플라이 기다리겠소. 이만 총총.

고어체이자 만연체다. 이런 문체가 가진 난해함과 딱딱함을 익살스럽게 전환한 멋진 문장이다. 유머란 무릇 남녀 간 초면의 어색함을 단박에 깰 수 있는 유용한 무기다. 구주월은 널 만나고 싶다는 뻔한 의도를 19세기 양반들의 허세를 담아 위장한다. 속이 훤히 보이는 허세적 문장이다. 그 편지를 받아 보면 그 익살스러움에 어느 여자라도 이 남자 한 번 만나 보고 싶다는 마음이 생길 것 같다.

두 번째 장면은 글이 아닌 대사로 이어진다. 장소는 소설가 박민규의 《삼미 슈퍼스타즈의 마지막 팬클럽》이란 소설에서 등장인물 조르바가 운영하는 허름한 카페 같다. 수천 장의 레코드판이 있고 그윽한 음악이 흐르는 카페다. 시골 다방처럼 홀 한편에 큰 어항이 있다. 손님은 역시나 없다. 어차피 손님도 없는 차에 이곳에서 테이블 두 개를 붙여 여러 등장인물이 모여 함께 술판을 벌인다.

여주인공 희진과 그녀 업무와 관련된 유명 영화감독이나 작가 등 나름 잘난 사람들이 벌이는 술판에 이 시대 루저인 구주월이 우연히 합석하게 된다. 구주월이 그런 고매한 사람들이 만든 자리에 어울릴 리 없다. 그 술자리에서 잘난 꼰대들에게 연신 자존심이 상한 구주월은 어느 순간 술김에 벌떡 일어난다. 그는 술판 꼰대들이 모두 보는 앞에서 희진에게 난데없이 구애 대사를 날린다.

자, 이 자리에 앉아 계신 점잖은 신사 분들 앞에서 저 여인을 고발하기 위해 이렇게 결례를 무릅쓰고 내 분연히 일어섰소. 고결한 인격과 활달한 미모를 갖춘 것도 모자라 절제된 미모와 안정된 유머 감각으로 내 마음을 초토화시킨 저 여인을, 베르테르로 하여금 죽음으로 이끈 그 치명적인 매력이란 죄목으로 큐피트의 법정에 세우겠단 말이오. 나를 밤마다 잠 못 들게 하고 그녀의 완벽함에 비교되는 내 부족함에 몸서리치게 했으며 우아, 숭고, 희망, 기쁨, 평화, 매혹, 섹시를 제 것으로 하고 비천, 타락, 슬픔, 절망, 혼돈, 평범, 따분만을 내게 허락한 당신. 당신은 누구십니까. 난 당신에게 누구이어야 합니까. 희진씨?

마치 유명 고전 연극에 나왔던 대사 같다. 이 구구절절한 구애 대사가 끝나자 잠시 정적이 흐른 뒤 그 자리에 있던 사람들 모두 한순간 박장대소를 터뜨린다. 희진을 향한 구주월의 완벽한 공개 구애다. 그 구애를 받은 희진은 밝은 웃음으로 그에게 화답한다. 루저가 잘난 사람들 앞에서 날린 멋진 한 방도 통쾌

했지만 무엇보다 그로테스크한 대사의 내용이 압권이다. 이 두 장면만으로 이 영화는 이미 내 눈과 귀에 멋진 한 방을 날렸고 난 그 자리에 보기 좋게 큰 대(大)자로 드러눕고 말았다.

때는 바로 지금이다

이 영화는 구성이 독특하다. 영화 속에 단편 분량 되는 작은 소설 한 편을 끼워 넣었다. 말하자면 액자식 구성이다. 극중에서 구주월이 집필하고 있는《액모부인》이라는 소설을 원작으로 한 또 다른 영화가 본 영화 사이사이에 삽입된다. 삽입된 영화의 배우도 다른 배우가 아닌 바로 구주월 역을 맡은 하정우와 본 영화의 주변 인물들이다. 그들이 분장을 하고 영화 속 영화에서 1인 2역을 한다. 액자로 끼워 넣은 영화의 진행과 본 영화에서 구주월과 희진의 연애 진도가 맞물린다.

영화 속 영화《액모부인》에서 남녀 주인공이 삼류 소설의 주인공들처럼 사랑을 하고 마침내 결혼을 한다. 결혼식장에서 남자가 여자에게 결혼반지를 끼워 주는 순간 '철컥' 소리를 내며 신랑 신부의 손목에 수갑이 채워진다. 구속이 곧 사랑의 완성을 말하고자 하는 것 같다. 이와 함께 본 영화에서 구주월과 희진의 사랑도 완성된다.

이 영화는 발단, 전개, 위기, 절정, 결말이란 전형적인 로맨틱 코미디 영화의 형식을 따랐지만 전혀 진부하지 않다. 결말에 이르러 한 번 더 귀를 즐겁게 하는 발랄한 엔딩곡도 흐른다. 소설과 영화를 넘나들며 주인공들의 사랑이 완성된다.

망설이지 말고 일단 밖으로 나가기

관객이 이런 영화에 몰입하는 이유는 각자가 주인공 내면으로 들어가 사랑과 결혼에 대한 환상을 꿈꾸기 때문이다. 변변찮은 소설가 구주월이 업계에서 잘 나가는 커리어우먼인 희진에게 감히 추파를 날리는 것이 일견 판타지다. 구주월이 희진의 마음을 얻은 것은 결국 그녀의 마음을 얻고자 하는 구주월의 열의였다. 열의나 열정만으로 사랑은 이루어지지 않지만 그것이라도 없다면 시작조차 할 수 없다. 소설과 영화 속 로맨스가 나의 이야기가 아니라고 단정 짓지 말자. 젊은 시절에 했던 모든 일들은 그간 해 오던 것이 아니기에 시간이 지나고 나면 어차피 후회만 남는다. 이미 했던 것보다 미처 못했던 것에 대한 후회가 더 진하게 남는 법이다.

모든 일에는 대체로 때가 있다. 특히 남녀 간 연애란 더욱 그렇지 않겠는가. 아직 결혼하지 않은 청년층이라면 영화나 소설을 보면서 대리만족만 느끼지 말고 우선 문 밖으로 나가 보자. 행여 '나중에 여건이 될 때'라고 생각한다면 큰 오산이다. 그런 여건은 좀처럼 형성되지 않는다.

설령 내게도 그 '여건'이란 것이 형성된다고 해도 그때는 맘에 드는 이성이 없거나 아니면 또 다른 문제가 발생하게 마련이다. 그런 가운데 변하지 않는 것은 시간은 변함없이 흐르고 본인은 점점 더 늙어 간다는 사실이다. 지금은 혼자가 편해도 전반적인 인생을 생각한다면 결혼을 하고 정상적인 가정을 꾸려 보는 것이 현명한 선택이다. 재테크처럼 애(愛)테크의 개념이 필요한 시기가 이 책을 보고 있는 바로 지금이다. 더 이상 주저하지 말기를 바란다. 기회는 바로 지금이다.

22

페이크(Fake)의
기술

분식 회계란 말이 있다. 나쁜 뜻을 가진 단어다. '분식 회계'하면 그 옛날 대우그룹이 생각난다. 대우그룹이 부실 경영을 했는데, 재무제표를 허위로 작성하여 제출해 금융권으로부터 막대한 대출을 받았다. 그럼에도 대우그룹은 다시 살아나지 못하고 형장의 이슬로 사라졌다. 결국 대우그룹에 들어간 돈은 다 우리가 낸 세금이었다.

  분식 회계의 '분(粉)'은 '가루 분' 자다. 밀가루 음식을 분식이라고 말한다. 여자가 얼굴에 화장을 하는 행위도 '분을 바른다'고 표현한다. 회계에서 '분식'이란 재무제표에 분을 바르는 것, 즉 잘 보이기 위한 화장을 하는 것을 말한다. 하지만 금융에서 분식이란 화장처럼 남들에게 잘 보이기 위한 긍정적 행위가 아니다. 재무제표에서 분식은 완전한 범죄다. 반면 직장 내에서 분식은 딱딱한 업무와 인간관계를 원활하게 해 주는 촉매제 역할을 한다. 여사원 김 대리가 오늘 그다지 예쁘지 않지만 "예쁘다"라고 주변에서 너스레를 떨어 주는 것, 고작 한 시간 걸려 기획안을 마련했지만 밤새 고민해서 올린 것이라 상사에게 말하는 것 따위다. 직장에서 이처럼 돈 들이지 않고 작은 수고를 들여 서로 기분 좋게 만드는 행위를 우리는 페이크(fake) 또는 속된 말로 '뻥끼'라 부른다. 이런 것 모두 직장 내 선의의 분식 행위다.

유명 배우이자 영화감독인 케빈 스페이시(Kevin Spacey)가 주연으로 나왔던 영화 〈마진 콜(Margin Call)〉을 상기해 보자. 미국의 한 금융 회사에서 어느 날 긴급 상황이 일어났다. 리먼 브라더스 사태와 맞물려 '재앙급' 금융 사고가 임박했다. 하지만 불행하게도 그 사실을 소수의 회사 직원만 알고 있다. 고객은 상황을 전혀 모른다. 자칫하면 회사가 보유한 증권이 한순간에 휴짓조각이 될 수 있는 상황이다. 그 증권이 휴지로 변하기 전 고객들에게 그 사실을 숨기고 원가에라도 팔아 넘겨야 할지 말지를 회사는 선택해야한다. 자칫 고객이 망할 수도 또는 회사가 망할 수도 있는 상황이다. 직원도 예외가 아니다. 이 절체절명의 예고된 재앙 앞에서 회사를 살려 내지 못하면 직원들 역시 책임을 회피하기 어렵다. 이는 극단적인 영화적 설정이지만 고객, 회사, 직원 삼자가 마주한 갈등 상황에서 회사는 선택을 해야 한다. 문제는 중고차 시장에서 판매자와 구매자의 딜레마처럼 고객은 그 재앙급 이벤트에 대해 전혀 정보가 없다는 것이다. 당신이 회사의 경영진이라면 어떤 선택을 하겠는가? 불량 증권을 고객에게 떠넘기고 우선 나부터 살고 볼 것인가 아니면 고객과 직원에게 신용을 지켜 회사는 망해도 훗날을 도모할 것인가. 뒷부분에서 좀 더 자세히 이야기 해보자.

주제 파악하시고 경거망동 마시라

결국 대부분의 개인은 직장생활 이후의 삶이 직장생활 기간보다 훨씬 더 길게 마련이다. 이런 상식을 모르고 든든한 회사의 배경만 믿고 현직에서 자신의 권한을 고객에게 남용하는 사례가 있다. 자신의 배경을 등에 업고 고객사를 쥐어짜니 단기적으로 실적이 나온다. 일제시대 때 한국인 앞잡이들이 더 혹독하게 자국민을 괴롭혔듯이 그들은 약자에게 더 공격적인 근성을 드러낸다. 회사는 그런 성향의 직원을 더 좋아하게 마련이다. 그들의 '갑(甲)질'로 인해 회사의 파트너는 곤욕을 치르지만 반대로 그 앞잡이는 사내에서 능력을 인정받는다. 좀 유난스럽게 미워 보이고 이기적인 그들이 결국 회사에서 성공한다.(진짜 성공이 뭔지는 잘 모르겠지만.)

곰곰이 한 번 생각해 볼 일이다. 언젠가 팀에서 내가 큰 것 한 건 수주를 했다고 가정해 보자. 그건 오로지 내가 잘한 것인가 아니면 회사의 이름값을 등에 업었기 때문인가? 큰 수주를 했다고 기뻐할 일만은 아니다. 설령 회사의 배경을 업고 큰 거래를 성사시켰다면 그중 순수한 내 능력의 기여도는 얼마인지 객관적으로 잘 평가해야 한다. 회사에서 퇴사해도 동일한 그 건을 내가 수주할 수 있는지 생각해 봐야 한다. 퇴사 후 회사 명함이 없어도 내 능력이 유효한가를 생각해 본다면 회사 울타리 안에 있을 때 경거망동하지 말아야 한다.

직장 생활의 정답은 '뻥끼'다

> 뻥끼 (←〔일본어〕penki)〔명사〕
>
> 1. 남을 속이는 것을 속되게 이르는 말.
> 2. 〈화학〉 '페인트(안료를 전색제(展色劑)와 섞어서 만든 도료를 통틀어 이르는 말)'의 잘못.
>
> 출처: 네이버 국어사전

'뻥끼'란 말은 벽에 바르는 '페인트(paint)'란 단어의 일본식 발음이다. 페인트란 여자들 화장품과 마찬가지로 뭔가 약점을 감추고 산뜻하게 보이기 위한 방편이다. 일면 좋은 뜻이지만 요즘에는 '뻥끼'는 '남을 속이다'의 뜻을 가진 속된 표현으로 쓰인다.

내가 했던 직장생활이나 가까운 미래에 내 아들이 하게 될 직장생활에 공통점이 하나 있다. 직장은 영원하지 않다는 것이다. 직업도 영원하지 않을 판에 직장이 영원할 리 없다. 기껏 삼십 년 정도죽지 않고 살아남은 기업이 손꼽을 정도밖에 남아 있지 않다. 시대의 급속한 변화로 '지속 성장 가능'이란 말은 이제 고전에서나 나오는 말이 되어 버렸다.

이 시점에서 한 번 따져 보자. 설령 회사가 잘나서 그 덕에 내가 어떤 큰 업적을 이루었다 치더라도 그 좋은 결과를 덮어 버리면 안 된다. 자기 PR 시대에 지나친 겸손은 더 이상 미덕이 아니다. 비록 내가 50%만 노력했더라도 70% 혹은 80% 노력을 했다는 점을 잘 포장해야 한다. 여기에 '허장성세(虛張聲勢)'와 '멋진 포장' 사이의 미묘한 간극이 있다. 이것이 바로 페이크(fake)이자 뻥끼의 기술이다.

화장이 잘 먹어서 예쁜 여자를 한 번 생각해 보라. 화장이 과하면 거부감이 들지만 적당히 화장을 잘한 여자는 더욱 예뻐 보인다. 예뻐 보이기 위해 화장을 했다고 욕하는 사람은 아무도 없다. 단지 화장에 거부감이 없어야 한다. 직장 내에서 뻥끼도 이와 마찬가지다.

영화 〈마진 콜〉의 상황을 다시 생각해 보자. 영화 속 결말과 관계없이 중대한 선택 갈등의 상황에서 선택은 '내가 옳다고 생각하는 것' 같은 교과서적 정답이 아니다. 선택 갈등 상황에서 좀 더 수준 높은 정답은 이렇다. 내가 옳다고 생각하는 것이 아니라 회사에서는 회사가 옳다고 생각하는 것, 고객 앞에서는 고객이 옳다고 생각하는 것, 그리고 밖으로 드러나지 않는 나의 이익에 기여하는 방향으로 움직이는 것이 정답이다.

중용의 도까지는 아니더라도 티 나지 않게 회색분자가 되어야 한다는 말이다. 어떤 선택이든 양자 모두 만족하는 정답은 별로 없다. 그런 상황에서 누군가는 양보를 해야 한다. 물론 냉정한 비즈니스계에서 내게 선뜻 양보를 해 줄 상대는 없다. 그 간극을 좁히는 것이 직장에서 나의 역할이다. 이때 '뻥끼'의 기술이 필요하다. 그 기술이 부족하여 회사 경영진에게 '우리가 양보했습니다'라고 보고하거나 고객 앞에서 '당신이 양보하세요'라고 조율하는 것은 정말 최악이다. 말이란 '아' 다르고 '어' 다른 법이다. 직장생활에서 내 존재 가치는 그런 간극을 좁히고 갈등을 조율하는 사람이지 상부의 지시를 전달하는 단순한 메신저가 아니란 것을 명심하기 바란다.

가끔은 모르는 것이 약일 때가 많다. 특히 직장생활은 더욱 그렇다. 열 개를 주어도 상대가 섭섭해 할 때도 있고 단 한 개를 주더라도 상대가 고마워할 수도 있다. '조삼모사(朝三暮四)'와 같은 것이지만 이것도 일종의 뻥끼다. 이런 뻥끼의 기술을 펼치기 위한 전제 조건은 정보의 불투명성에 있다. 정보는 내가 가진 큰 자산이다. 꼭꼭 숨겨 놓고 있다가 요긴할 때 하나하나씩 풀어내도록 노력해 보자. 직장생활이 훨씬 더 부드러워질 것이다.

인생은 길다. 직장에서 나를 너무 소진시키면 안 된다. 일과 삶의 균형을 잘 잡아야 한다. 직장이 날 평생 책임져 주지 않기 때문이다. 직장생활에 너무 많은 기대를 해서도 안 되지만 같이 일하는 동료나 상사에게 거쳐 가는 장소로 이용만 한다는 느낌을 줘서도 안 된다. 망망대해 같은 직장생활에서 인심을 잃지 않고 부드러운 항해를 해 나가는 것이 가장 잘 하는 것이다. 나의 본심을 드러내지 않는 뻥끼의 기술은 직장생활 필살기다. 잊지 말자.

뻥끼의 달인

마진 콜(Margin Call)

나는 한때 주식으로 적지 않은 돈을 잃은 적이 있었다. 청년 시절 나의 결혼 자금도 그중 한 부분이라 더욱 가슴 아팠다. 물론 지금은 돈 놓고 돈 먹기 하는 그쪽 방향으론 오줌도 누지 않는다.

주식 시장은 분명 자본주의의 꽃이다. 기업은 주주로부터 투자를 받는다. 그 돈으로 사업을 더 발전시킬 수 있다. 주주는 주식 투자를 통해 간접적으로 회사 경영에 참여할 수 있다. 또는 배당을 받거나 투자 수익도 챙길 수 있다. 일견 기업과 투자자가 상생하는 것처럼 보인다. 하지만 조금 더 들여다보면 그렇게 좋은 구조로만 생각할 수 없다.

주식 시장에서 주식을 사고파는 시장 구조는 마치 중고차 매매 시장과 비슷하다. 차를 산 구매자는 혹여 있을 수 있는 그 차의 결함을 차 인수 후 며칠간 직접 운전해 보지 않고서는 정확하게 알 수 없다. 중고 시장에 전시된 판매용 차는 겉으로 보면 멀쩡하기 때문이다. 차를 사기 전에 행여 그 차에 중대한 결함이 있었더라도 중고차 딜러가 고객에게 그 결함을 제대로 설명해 줄 리 없다. 태풍 때 물에 잠겼던 침수 차인지 혹은 운전자를 신경 쓰이게 하는 잦은 고장이 많은 차인지 구매자가 알 리 없다. 이런 이유로 중고차 매매는 구매자 절대적으로 불리하다. 그 원인은 판매자와 구매자 간의 정보 불균형에 있다. 주식 시장도 마찬가지다. 기업의 재무제표나 실적 정보는 외부로 공시되고 누구나 열람할 수 있어 표면적으로는 양자가 공평하다. 하지만 어쩐지 주식 시장에서 돈을 버는 사람은 대체로 정해져 있다. 개인이 주식을 산다는 건 중고차 매매 시장에서 차를 사는 구매자처럼 어쩐지 찜찜한 일이다. 쇼핑을 해서 내게 필요한 물건을 직접 산다는 건 즐거운 일이지만 이 두 시장에서만큼은 쇼핑이 그리 즐겁지 않다.

영화 〈마진 콜〉은 주식 거래 시장에서 극단적 선택의 모습을 적나라하게 보여준다. 판매자인 회사가 구매자인 고객에게 저지르는 '만행'은 전적으로 정보의 불균형성에 있다. 영화에서 증권사 사장 '존'은 중간 관리자 '샘'에게 이렇게 말한다.

"세상엔 승자와 패자가 언제나 있었고 양자 간 그 비율은 항상 일정하게 유지된다. 세상이 변해도 그 비율은 결코 변하지 않는다."

불공정이 난무하는 주식 시장에서 닳고 닳은 사장 존의 냉철한 통찰이었다. 그는 "시장에서 동정심 따윈 필요 없다"라고 단호히 말한다. 시장에서 증권맨은 회사를 위해 돈만 챙기면 된다고 말한다. 결국 자본주의의 핵심은 돈이라고 그는 말한다. 영화는 사건이 시작되는 당일 밤부터 다음 날 오후까지 만 하루 만에 벌어지는 갈등과 선택에 대한 이야기다. 오늘 하루 샘은 몸도 마음도 무지 힘들었다. 그렇지 않아도 그날은 자신이 애지중지 키우던 애완견이 시름시름 앓다가 죽은 날이기도 했다. 또한 2008년 리먼 브라더스 사태가 발발하는 시점이 곧 그 즈음이었다. 그 때문에 회사가 자칫 망할 수도 있는 위기에 처해 있다. 중간 관리자인 샘이 오늘 해야 하는 일은 회사와 오래 거래를 해 왔던 고객들을 속이고 자신 회사의 MBS(Mortgage Backed Securities, 주택저당증권)라는 증권을 휴짓조각이 되기 전에 다 팔아 치우는 것이다.

영화적 설정이겠지만 회사가 대량으로 보유하고 있는 MBS라는 증권은 내일이면 휴짓조각이 되는 상황이다. 그 증권이 내일이면 곧 휴짓조각이 된다는 정보는 안타깝게도 판매사인 회사 측만 알고 있다. 마치 중고차 매매 시장에서 올 가을 태풍으로 물에 잠겼던 다수의 침수 차를 오늘 모두 팔아치워야 하는 중고차 딜러의 상황과 같다. 판매사로서 판매 싱품의 하지를 알고 판매해야 하는 상황이지만 도덕을 따르자니 회사가 망하고 본인이 직장을 잃어야 할 고약한 상황이다. 샘은 갈등하지만 결국 사장인 존의 편에 서서 그 부도덕한 과업을 완수한다.

이 부분에서 인간의 부도덕성을 말하기에 앞서 잠시 고민해야 할 문제가 있다. 소설 《죄와 벌》의 주인공 라스콜리니코프처럼 대의를 위해서라도 사람을 도끼로 내려치는 건 명백한 범죄지만 증권 회사에서 주식이나 채권을 판매하는 행위는 다분히 합법적이다. 단지 그들이 판매하는 증권이 곧 휴짓조각이 된다는 것을 판매자만 알고 있을 뿐이다. 싸게 제시된 그 증권을 사든지 말든지 선택하는 것은 구매자의 몫이다. 싸게 제시된 미끼를 덥석 문 건 구매자 자의에 의해서다. 이로써 회사 직원 일부는 떼돈을 벌고 살아남는다. 정의와 부도덕 사이에서 갈등하고 미처 그 증권을 팔지 못한 대다수 직원은 그날 이후 짐을 싸게 된다. 이로써 모두에게 힘든 하루가 끝났다. 성과를 중시하는 미국 회사의 특성처럼 그날 대다수의 직원은 짐을 싸서 각자 갈 길로 갔다.

하필 그날 샘의 애완견이 죽었다. 샘은 눈물을 흘리며 자신의 애완견을 묻기 위해 땅을 판다. 그 장면을 끝으로 영화가 끝난다. 회사의 극심한 구조 조정으로 정든 직원들을 떠나보낼 때조차 샘은 그들에게 아무런 연민을 느끼지 않았다. 반면 그의 애완견이 죽었을 때 그는 심각한 슬픔에 잠긴다. 오늘 그가 판매한 MBS가 곧 휴짓조각이 되어 수많은 사람이 가슴을 치겠지만 샘의 감정은 고작 자신의 애완견에만 쏠려 있다. 인간의 도덕성에 대한 함축적 의미를 담은 장면이었다.

샘이 진정 직장생활 뻥끼의 달인이 아닐까

영화를 보는 내내 나는 샘의 심리 상태를 제대로 파악할 수 없었다. 한 정치인을 예로 든다고 해도 우리는 평소 그의 말이나 행동을 보면 여당 성향인지 야당 성향인지 아니면 중도 성향인지 정도는 대체로 구분할 수 있다. 어느 계파에 속하는지 정체성을 알 수 없는 인물을 우리는 회색분자라고 폄하하지만 샘을 직장에서 회색분자라고 폄하하기는 애매한 부분이 있다. 결국 영화에서 최종 승자는 샘이기 때문이다.

대체로 어느 줄에도 서지 않는 무색무취의 사람이 회사에서 롱런(long run)한다. 대통령이 바뀌면 집행부는 그 이전 각료들을 버리고 새 사람으로 교체하는 것처럼 회사에서도 부서장 바뀌면 그 아래 직원도 인사이동을 겪는 경우가 많다. 경험상 어느 줄에도 속하지 않는 무당파가 직장 내에서 수명이 더 길었던 것 같다. 요즘은 대다수 직장에서 조직 개편이나 구조 조정이 많아서 본인이 누구의 줄이라고 불리는 것은 그리 현명한 처세가 아닌 것 같다. 영화 속 주인공 샘도 회사 사장 존과 대립적 관계인 듯 협력자 관계인 듯 알 수 없는 행보를 보인다. 피해를 보게 될 고객을 지키려 사장에게 항변하기도 하지만 내가 보기엔 그건 영락없는 페이크이자 뻥끼였다. 고객이 입게 될 피해를 사장에게 항변하면서 샘은 도덕과 정의를 수호하는 직원이라는 명분도 얻었고 회사로부터 월급을 받는 고용인으로서 사장의 명을 받는 역할에도 충실했다. 이 힘든 선택의 상황에 결국 그는 명분도 돈도 그리고 회사에서의 탄탄한 입지도 모두 챙긴 것이다. 이런 내공은 고스톱 판에서 딸 수 있는 것이 결코 아니다. 그날 샘을 힘들게 한 건 많은 직원이 짐을 싼 것에 대한 애처로움도 아니고 많은 돈을 들여 휴짓조각을 사게 된 고객들에게 느낀 연민도 아니다. 자신의 애완견이 하필 그날 죽었다는 사실만이 그를 아프게 했다. 샘은 그날 어느 편에도 서지 않고 결국 자신의 이익을 위해 묵묵히 과업을 수행했을 뿐이다. 이 영화에서 내가 가장 인상적이었던 부분은 사장 존이 샘에게 했던 말이었다. 사장 존은 샘에게 이렇게 말했다.

"아무리 옳고 그름을 생각하더라도 결국 승자와 패자는 정해져 있다. 세월이 지나도 그 비율은 언제나 그대로다. 그 안에서 나의 위치를 잡아야 한다."

존의 정확한 말은 잘 기억이 나지 않지만 대략 그런 느낌이었다. 생각해 보자. 이 영화를 비판할 만큼 내가 직장에서 언제부터 그렇게 정의로운 사람이었는지. 때로는 마음에 내키지 않는 힘든 결정을 해야 할지라도 난 언제나 승자의 줄에 서고 싶다. 남들이 알아채지 못하게 힘든 결정을 하는 척 고뇌하는 척이 중요하지 진짜 행동은 표 내지 않게 내게 유리한 방향으로 해야 한다. 이것이 진정한 삥끼의 기술이다.

Part **5**

괜찮아,
이제 시작일 뿐

23

동전의 양면과 같은 세상살이

우리 삶이 주기가 있다는 말은 진위 여부를 떠나서 한 번 믿어 볼 만한 가치가 있다.

'나이를 똥구멍으로 처먹었나!'라는 욕설이 있다. 어떨 때 이 문장을 쓰는지 여러분은 이미 잘 알고 있을 것이다. 이 욕을 들어먹을 사람은 우리 주변에 참 많다. 나이를 먹는다는 건 그만큼 감당해야 할 것이 많다는 것이다. 그 '감당함'의 부담에서 벗어나 한 개인에게 '나이 먹음=세월 흐름'의 등식만 성립한다면 좀 슬플 것 같다. 그땐 정말 나이를 '똥구멍'으로만 먹은 것일 수도 있다.

저 짧은 등호 안에 무수히 많은 것이 포함되어 있다. 이를테면 학습, 경험, 깨달음, 수용, 인내, 고뇌, 갈등, 환희, 회한, 절망, 좌절, 희망, 뭐 이런 것들이다. 아니 훨씬 그 이상이다. 이 많은 요소와 자연적인 신체 노화가 뒤섞여 몸속에서 또 머릿속에서 이상한 화학 작용이 일어난다. 이런 이유로 나이 들면서 사람은 변하게 된다. 그 과정에서 자신의 변화에 세상을 맞추려는 자는 흔히 말하는 우리 사회의 '꼰대'가 된다. 세상 변화에 자신을 맞추는 것이 일견 합리적이다.

  사람은 나이 들면서 누구나 변하는데 여기에 중요한 변곡점이 있다. 그 변곡점의 출발점은 잊지 못할 개인의 중대한 경험에서 시작할 수도 있고 종교에 의해서도 발생할 수도 있다. 학습에 의해서나 부모님이나 주변인에 의해서도 인생의 변곡점이 생길 수 있다. 그 변곡점에서 각 개인이 했던 선택이 모여 그 사람의 가치관을 형성한다. 인생에서 그런 변곡점을 이야기한다면 내 인생의 변곡점은 몇 번의 사건에 의해서다. 하나는 지금의 아내를 만난 것이고 삼십 중반에 들어서 어떤 멘토를 만난 것 그리고 나머지는 '명리학'(命理) 학습에 의해서라고 말할 수 있겠다.

  '명리학'이란 한자 그대로 우리 목숨의 이치에 대한 학문이다. 종교는 현생의 삶 이후를 논하지만 명리학은 현실에서 살아 있는 사람들의 삶만을 논한다. 지극히 현실적인 학문이다. 좀 더 구체적으로 말하자면 자신이 타고난 사주팔자를 기준으로 앞으로 다가올 미래에 대한 '길흉화복(吉凶禍福)'을 점치는 학문 정도로 이해하면 되겠다. 사주팔자를 믿고 믿지 않고의 문제를 논하려는 것이 아니다. 세상에는 이미 너무 많은 사이비 점(占)집과 술사(述師)들이 있다. 단언컨대 사주 명리학은 동네방네 그렇게 많은 사람이 쉽게 깨우칠 수 있는 학문이 절대 아니다. 명리학의 깊이를 제대로 이해하고 있는 사람은 절대 흔하지 않다고 나는 단언한다. 그런 믿음 때문에 나는 절대 점집에 가거나 술사를 만나지 않는다.

명리학에 대해 제대로 이해하는 사람이 많지 않기에 그것을 통한 잘못된 정보가 사이비 술사들을 통해 세상으로 유포된다. '혹세무민(惑世誣民)'하는 것이다. 같은 사람의 운명을 여러 술사가 다르게 해석하기도 한다. 무시무시한 말로 겁을 주면서 찾아온 내담자에게 부적을 만들라고 강요하거나 많은 돈을 요구하기도 한다. 일부 사이비 술사들의 혹세무민에 마음의 위로라도 받기 위해 방문한 선량한 내담자가 정신적 물질적 피해를 보는 사례가 늘어난다. 이런 일이 반복되면서 명리학은 학문으로써 제대로 자리 잡지 못하고 믿을 수 없는 미신이라고 치부되기도 한다. 사주팔자와 운명이 맞고 안 맞고를 내가 여기서 감히 논할 수 없다.

내가 말하고자 하는 것은 일부 명리학적 관점이 우리 인생사와 많이 닮아 있다는 점이다. 그중 하나가 바로 오행(伍行)의 '생극제화(生剋制化)' 논리다. 오행이란 나무(木), 불(火), 흙(土), 쇠(金), 물(水)을 말한다. 좀 더 쉽게 말하면 세상의 모든 사물이 오행 중 하나라고 생각하면 된다. '생극제화'란 단어 그대로 상생하고 상극하고 제압하고 합화(合化)한다는 말이다. 세상의 모든 사물은 서로 상생하고 상극하고 제압하고 합해진다는 것이다. 나무는 불이 더 잘 타도록 불쏘시개가 되어 불을 생(生)한다. 나무의 생을 받은 불은 쇠를 녹인다. 쇠 입장에서 보면 불은 쇠의 성질을 변하게 한다. 결국 쇠는 불에게 극(剋)을 당한다. 극을 당한다는 건 언뜻 보면 나쁘지만 다르게 보면 얼마든지 긍정적으로 생각할 수 있다. 불로 제련된 쇠는 도끼나 예리한 낫으로 재탄생하여 다시 나무를 베어 버린다. 나무는 불을 생하게 해 주는데 나무로 인해 활활 타오른 불길이 쇠를 녹여 도끼를 만들어 다시 나무 자신의 등을 때린다. 그렇다고 도끼에 잘린 나무가 꼭 나쁜 것만은 아니다. 살아 있는 나무도 좋지만 잘 베어진 나무는 또 다른 용도로 우리 실생활에 유용하게 쓰인다. 여기에 흙과 물이 더해져도 마찬가지다. 나무에 물이 반드시 필요하지만 너무 물이 많으면 나무가 썩거나 물 위에 둥둥 떠버려 쓸모없는 부목이 된다. 결국 다섯 가지 오행이 이처럼 톱니바퀴처럼 서로 물고 물리며 생하고 극하고 제압하고 합하기를 반복한다.

지구상에서 다섯 가지 오행 중 어느 것 하나도 최종 승자란 없다. 결국 중화(中化)라는 명제를 두고 밸런스를 맞추기 위해 오행은 서로 돌고 도는 것이다. 이 간단한 움직임에 인생의 많은 원리가 숨어 있다. 사람의 사주는 이 오행의 조합으로 이루어진다. 내가 나무의 형상으로 태어날 수도 있고 불과 흙의 기운을 받고 태어날 수도 있다. 생년월일시 네 개의 기둥이 있고 그중 각각의 기둥은 천간과 지지 두 개의 오행으로 이루어진다. 그래서 총 여덟 개의 오행으로 사주팔자가 만들어진다. 그래서 네 개의 기둥, 즉 사주가 되고 여덟 개의 글자, 즉 팔자가 된다.

내가 가지고 태어난 이 여덟 개의 바코드에 나무도 있고 불도 있다. 흙도 물도 쇠도 있을 수 있다. 내가 나무라면 적당한 물(水)과 햇빛(火)이 있어야 하고 뿌리를 내릴 수 있는 잘 다져진 흙(土)도 필요하다. 내 주변에 잔가지가 많을 경우 잡초를 제거하는 의미에서 도끼(金)도 필요하다. 내가 살아가는 데 어느 것 하나 서로 연관하지 않는 것이 없다. 인생이란 이런 이치와 같다. 생각하기에 따라서 오늘의 적이 내일의 아군이 될 수도 있고 그 반대의 경우도 얼마든지 가능하다.

명리학적 관점에서 볼 때 좋은 사주 나쁜 사주는 오행의 조합에 따라 대체로 존재한다. 이 때문에 사주팔자에 따라 각 개인의 대체적인 삶의 형태가 정해진다. 우리는 이것을 운명이라 부른다. 타고난 운명이란 것이 존재하기에 대통령이 있는 반면 노숙자도 있는 법이다. 하지만 사람의 인생이 나의 의지와 상관없이 뽑아진 사주에 따라 좋다 혹은 나쁘다는 이분법적 정의에 따라 정해진다고 믿지는 말자. 세상은 절대 그렇지 않다.

자신의 사주 오행과 맞물려 해마다 바뀌는 운의 영역이 분명히 존재한다. 더운 여름의 기운을 잔뜩 안고 태어난 사람은 살아가면서 한줄기 시원한 비를 맞이하는 것이 즐겁다. 그때에 맞춰 물을 가두고 저장하여 훗날에 대비하는 것이 현명한 삶의 방식이다. 가을이 다가옴을 알았을 때 준비해야 할 것은 수확을 위한 낫과 도끼의 날(金)을 미리 예리하게 갈아두는 것이다. 긴 인생을 살면서 이처럼 나아가야 할 때와 물러서야 할 때를 아는 것이야말로 현대 명리학이 우리에게 시사하는 점이다.

한참 잘나가던 사람이 어느 순간 나락으로 추락한 경우를 나는 많이 봤다. 반면 비루한 삶을 살았던 한 지인이 어느 순간 내 앞에 성공한 모습으로 당당히 나타나기도 한다. 비단 나의 지인뿐 아니라 내가 잘 알지 못하는 몇몇 유명인도 천당과 지옥을 오간다. 그들의 드라마틱한 삶을 우리는 매스컴을 통해 많이 봐왔다. 가만히 지켜보면 성공하는 사람은 성공하는 이유가 있고 추락하는 사람은 추락하는 이유가 다 있다. 그 이유란 다들 자신이 믿고 있는 신념에 근거한다. 종교를 믿는 사람은 종교의 교리에 의해 사람의 성공과 실패를 논한다. 나처럼 명리학적 관점에서 인간 삶의 성패를 논하는 사람도 있을 것이다. 다 각자의 관점대로 보면 된다.

그렇지만 그중 공통점이 있다. 희망을 잃지 않고 꾸준히 노력하며 자신의 길을 묵묵히 걷는 사람은 언젠가 성공한다는 점이다. 앞서 임계점 이야기에서 이미 성공의 공식을 말한 바 있다. 자신을 먼저 알고 그에 맞는 적성을 찾고 임계점에 이를 만큼 노력하는 것, 이것이 가장 근사치의 성공 공식이다. 운의 문제는 인간 능력 밖이라 하늘이 주는 대로 받아들여야 한다. 결국 우리가 할 수 있는 건 임계점에 이를 만큼의 '꾸준한 노력'이다.

한때 성공하더라도 그 성취에 자만하고 겸손하지 못한 자는 때가 되면 영락없이 추락하곤 한다. 매번 듣는 부처님 공자님 말씀 같지만 딱 맞는 말이다. 비가 올 때까지 기우제를 지낸다는 인디언들 이야기와도 같은 말처럼 들린다. 진부하게 들리겠지만 이 지점을 잘 이해하는 것이 곧 현명하게 인생을 살아가는 방법이다.

'고생 끝에 낙이 온다'는 말이나 '권불십년(權不十年)' 또는 '달이 차면 곧 기운다' 같은 말은 괜히 생긴 것이 아니다. '새옹지마', '전화위복' 같은 말도 마찬가지다. 우리 삶은 일정한 운의 주기가 있음을 알려 주는 말들이다. 십 년 대운(大運)과 일 년 세운(歲運)을 논하는 명리학적 관점에서 보면 그 말은 더 확실한 근거가 있다. 명리학이 미신이라고 말해도 좋다. 하지만 우리 삶이 주기가 있다는 말은 진위 여부를 떠나서 한 번 믿어볼 만한 가치가 있다. 지금 한창 고생하고 있는 젊은이가 이 고생이 언제 끝날지 모른다고 생각하고 살아가는 것과 이제 곧 이 고생이 끝나고 좋은 시절이 오겠거니 하며 희망을 가지고 하루하루를 살아가는 것은 정말 많은 차이가 있지 않을까.

더운 날 내게 엄청난 불(火)의 기운이 들이닥쳤다고 한탄하거나 낙담하지 말자. 그 순간 나는 단단한 쇠(金)가 되면 된다. 불에 순응하고 잘 담금질하여 훗날 예리한 도끼로 다시 태어날 생각을 해야 한다. 지금은 내가 흙(土) 속에 묻혀 있는 원석(金)임을 잊어서는 안 된다. 내가 물로 잘 닦여져 보석이 될지, 불로 잘 제련되어 예리한 도끼날이 될지 훗날의 일은 아무도 모른다. 힘든 가운데 희망을 잃지 않고 준비하고 있으면 언제든 보석이나 도끼가 되어 세상에 쓸모 있는 것으로 자리매김할 날이 오게 마련이다. 그러므로 지금 힘들다고 자책이나 쓸데없는 비관은 절대 금지다.

대학 입학시험에 낙방하여 지금이라도 당장 한강 다리 난간 위로 올라가고 싶은가, 취업에 몇 번 실패하여 자신이 무능하다고 자책하고 무기력해 있지는 않은가. 아니면 회사에서 팀장이 나를 힘들게 한다고 당장 회사를 그만두고 싶은가. 당시에는 죽을 만큼 힘들고 괴롭다. 하지만 앞서 이야기했듯 세상의 거의 대부분의 일은 손바닥 뒤집기와 같다. 숨을 다시 한 번 크게 들이키고 잠시 뒤로 한 발 물러서서 생각해 보자. 앞으로 육십 년 칠십 년을 더 살아야 하는데 지금 겪는 이 난관이 내게 보약이 될지 과연 인생의 치명타가 될지 생각해 보면 답은 금세 나온다. TV 뉴스에 거론될 만한 그런 특이하거나 개인 인생에 치명타를 남길 중차대한 사건이 아니라면 내가 지금 겪고 있는 사소한 문제나 갈등은 나의 긴 인생 마라톤에 그리 큰 걸림돌은 되지 않는다.

힘든 일은 누구나 겪는 일이라 생각하자. 뒤집어서 생각하고 상황을 극복하면 그 경험이 쌓여 '똥구멍'으로 먹지 않고 진정 제대로 '나이 먹음'의 의미를 알게 될 날이 오게 된다. 죽을 만큼 힘들다고 정말 죽는 것이 나은 경우란 없다. 개천에서 굴러도 저승보다 이승이 나은 법이다. 지금 역경에 처한 이들이 있다면 스스로 정신을 차릴 수 있으면 좋겠다.

지금 이 순간을 잘 넘기면 훗날 그때를 생각하며 미소 지을 날이 분명 있으리라 생각한다. 따스한 햇살 아래 향 좋은 커피라도 한 잔 마셔 보자. 진한 커피 향을 느끼며 자신의 손바닥을 슬그머니 한 번 뒤집어 보길 권한다. 아직 나의 삶은 시작조차 안 했음을 인지하자.

동전 같은 세상살이를 보여 주다

포레스트 검프(Forrest Gump)

IMF가 터지기 전까지 우리나라는 1990년대가 그나마 살기 좋았던 시절이었다고 말하고 싶다. 정치적으로는 수십 년 간 지속되던 군사 독재 체제를 벗어나 처음으로 문민정부가 들어선 시기였다. 개발 붐을 타고 경제와 함께 문화도 활성화되던 시기였던 것으로 기억한다. 나이가 들어서 그런지 몰라도 그 시절 듣고 보았던 대중가요나 영화가 아직도 기억에 생생하다.

그 시절 개봉한 영화 중 내용 면에서 좋은 영화가 참 많았다. 현란한 그래픽이나 영화 기술적 요소가 더욱 진보한 지금의 영화도 좋지만 내가 미처 보지 못한 1990년대 그 시절 명화들을 하나하나 골라내어 보는 것도 쏠쏠한 재미가 있다. 꼭 봐야 할 그 당시 명화가 약 백 편이라면 지금 언급할 〈포레스트 검프〉, 이 영화 역시 그 '백 편' 중 당연히 한 자리를 차지한다

한 인물의 인생 진로에 대한 역동적 서사 구조

영화는 주인공의 어린 시절부터 중년이 되기까지 개인의 긴 진로 여정을 보여 준다. 특정 사건의 발단 전개 절정 결말로 구성되는 일반 영화의 형식에 비해 이 영화의 전개 구조는 많이 다르다. 성장 과정에서 개인이 어떤 운을 맞이하고 특정 선택을 하고 그 선택에 대해 어떤 결과를 맞이하는지가 우리들 진로

설정에 도움이 될 것 같아 이 영화를 언급하게 되었다.

주인공 포레스트 검프는 어린 시절 다리 교정기를 차고 다녔다. 그는 지능 지수도 낮아 친구들로부터 바보라며 매번 따돌림을 당한다. 어느 날 검프는 친구들의 놀림으로부터 벗어나기 위해 다리 교정기를 찬 채 열심히 도망가다가 자신이 달리기에 재능이 있다는 사실을 우연히 발견한다. 그날 이후 검프는 다리 교정기를 제거한 채 달리기 연습에 몰두한다.

검프가 청년이 된 후 우연찮게 한 미식축구 감독이 검프의 달리기 재능을 알아보고 검프를 팀에 합류시킨다. 이후 포레스트 검프는 그 팀에서 발군의 달리기 실력으로 팀 성적에 공헌한다. 청년 시절 그가 맞이한 첫 성공이다. 앞서 언급했던 성공의 조건 중 자신의 재능을 발견하고 임계점 수준의 노력을 해야 한다는 대목과 부합하는 장면이다. 그런 검프에게 마침 동남풍도 불어 주었다.

이후 검프는 월남전에 참전한다. 총알과 폭탄이 난무하는 전장에서 그는 자신의 소대가 위험에 처했을 때 특유의 달리기 능력으로 전우들을 구하게 된다. 그 공로를 인정받아 그는 국민 훈장까지 받는다. 전우들을 구하면서 입었던 부상 때문에 국군 병원에서 치료를 받던 중 그는 또 그곳에서 우연히 탁구를 알게 된다. 검프는 그 자신이 탁구에 재능이 있음을 알게 된다. 그런 그가 또 임계점에 이를 만큼의 많은 연습과 노력을 통해 마침내 탁구 국가 대표로 발탁되고 올림픽에 나가 금메달을 딴다. 연이은 성공이다.

또 그는 월남전에서 함께했던 전우의 유훈을 받들어 새우잡이에 나서게 된다. 검프는 무작정 배를 사고 바다로 나간다. 처음에 실패를 거듭하지만 그것에 굴하지 않고 꾸준한 시도 끝에 결국 많은 새우를 잡게 된다. 새우를 잡아 번 돈을 우연찮게 애플(apple)사에 투자하여 엄청난 투자 수익도 얻는다.

그런 그에게도 시련은 있었다. 자신의 아내 제니와 사별한 후 그는 쉽게 마음을 다시 잡지 못한다. 그렇게 힘들 때 그는 다시 자신이 제일 잘할 수 있는 달리기에 몰두한다. 그는 미국 전역을 수년 간 아무런 목적도 없이 달리게 된다. 그의 특이한 행보에 언론은 그에게 관심을 보인다. 언론 홍보에 힘입어 많은 사람이 그의 추종자가 되어 그와 함께 같이 달리게 된다.

어차피 의도대로 되지 않는 세상살이

저능아로 태어난 검프의 선택 하나하나는 매번 그가 의도한 것이 아니었다. 그는 지능이 현저히 낮은 저능아로 태어났지만 그 곁에는 현명한 어머니가 있었다. 국가로부터 훈장을 받았지만 대신 전장에서 총을 맞는 큰 부상을 당하기도 했다. 우연찮게 많은 돈도 벌었지만 치료 한 번 제대로 해보지도 못하고 아내와 어머니를 떠나보내야 하는 아픔을 겪기도 했다.

영화적 설정에 의해 드라마틱하게 재구성된 면이 있지만 우리의 삶도 검프의 삶과 그리 다르지 않다. 영화 첫 부분에서 검프의 모친은 그에게 이렇게 말한다.

'Life is like a box of chocolates. You never know what you're going to get.'

(인생은 초콜릿 상자와 같다. 네가 그중 무엇을 고르게 될지 모른다.)

금수저를 물고 태어나든 아니든, 장애가 있든 없든, 머리가 좋든 나쁘든 우리 인생은 미리 속단할 수 없다. 대한민국 오천만 시민 각자 모두 자신이 태어난 이유가 다 있을 것이라 생각한다. 현재 내 모습을 보며 섣불리 낙담하거나 자만하지 말아야 한다. 못났으면 못난 대로 잘났으면 잘난 대로 자신의 모습을 있는 그대로 받아들이는 태도가 필요하다.

큰 이정표 하나 마음속에 세워 두고 검프처럼 내 마음 가는 대로 열심히 노를 저으면 되는 것이다. 내가 가는 항로에 동남풍이 불어 줄지 태풍을 맞이하게 될지 그건 하늘의 뜻에 맡기도록 하자. 확정할 수 없는 미래의 일을 미리 걱정하는 것은 낭비라고 생각한다. 바다를 건너야 하는데 태풍이 두렵다면 아예 배를 끌고 바다로 나서지 말아야 한다. 검프처럼 무언가를 얻고 잃는 것은 나의 의도대로만 되지 않음을 상기하자. 아무것도 하지 않으면 아무것도 얻을 수 없으니 일단 시도는 하고 봐야 한다.

실천하지 않는 젊음을 탓하자는 말이 아니다. 이 장의 주제처럼 인생이란 어차피 운칠기삼이다. 운이 아무리 좋아도 자신의 기술(노력)이 부족하다면 아무래도 아쉽다. 바닷물이 사이다로 일순간 변했는데 퍼 담을 양동이가 없는 것이나 마찬가지다. 그 반대의 경우는 어떤가. 정말 고생하고 노력을 많이 했건만 한때의 운을 잘못 만나 파산하거나 나락으로 떨어지는 사람도 있다. 이런 상황을 어떻게 설명해야 할까. '무조건 열심히 해라', '노력해라', '실천해라', '변화해라', '차별화해라' 와 같은 자기계발서에 나오는 조언 따위로는 절대 설명할 수 없는 부분이다.

실패의 기준이 각기 다르겠지만, 만일 실패했다면 그것을 차분히 받아들이자. 실패했을 때 자신을 더 이상 망가뜨리지 말고 운 때가 맞을 때 자신의 노력으로 다시 일어설 수 있는 작은 불씨 하나는 남겨 놓아야 한다. 그 불씨가 희망이 되어 언젠가 다시 활활 타오를 날이 있을 것이다. 하루하루는 최선을 다하되 인생은 대체적으로 긴 호흡이 필요하다. 어차피 본인 뜻대로 될 일이 아니었다. 낙담할 일은 아니니 툭 털고 다시 일어서길 바란다.

24

좋은 운을 내게
오래 머물게 하기

운을 오랫동안 내 주위에 머물게 히려면 준비가 필요하다. 좋은 운을 내 안에 잘 가두어 놓는 것이 진짜 실력이다. 👍

이제 이 책 집필의 종반부에 접어들었다.

이 지점에서 진로 설정을 이야기할 때 빠지면 섭섭할 소재를 하나 추가한다. 바로 운(運)이다. 운을 믿지 않는 사람도 많다. 운이란 실체로 드러나는 것이 아니기에 더욱 그렇다. 운이란 한자 내부에 '수레 차(거)(車)'자가 포함되어 있다. 한자 모양처럼 운이란 바퀴가 달려 있어서 이리저리 돌아다니는 것으로 해석하면 좀 무리일까. 어쨌든 나는 운의 존재를 믿는다. 더구나 운은 차바퀴처럼 일정 주기를 타고 돌고 돈다고 생각한다. 사주 명리학에서도 운은 1년 주기의 세운(歲運)과 10년 주기의 대운(大運)으로 그 흐름을 구분한다. 명리학에서 말하는 세운이란 토정비결처럼 그 해의 득실(得失)을 따지는 것이고 대운이란 장기간에 걸친 운의 환경을 말한다. 옆에서 보기에 정말 능력 있는 사람인데 하는 일마다 잘 안 풀리는 사람도 있고 그 반대 경우의 사람도 많다. 이처럼 눈에 보이는 물리적 외부 조건만으로 개인의 성패를 논하기 힘든 경우가 참 많다. 그 간격 사이에 운이란 영역이 존재하는 것 같다.

운을 언급하면서 현진건의 단편 소설 〈운수 좋은 날〉을 말하지 않을 수 없다. 이 소설은 고등학교 교과서에서도 실려 있으니 우리 국민 대부분에게 아주 익숙한 소설이다. '설렁탕을 사 왔는데 왜 먹지를 못하나'라는 그 유명한 마지막 문장은 오랜 시간이 지나도 여러 대중 매체 프로그램을 통해 수없이 패러디되었다.

우리는 이 소설의 내용이나 소설에 흐르는 전반적인 정서를 익히 잘 알고 있다. 그럼에도 이번에 다시 읽었을 때 나는 이 소설에 대해 또 다른 생각을 하게 되었다. 인력거꾼 김첨지가 모처럼 손님을 많이 태워 운 좋았던 날이 역설적으로 아내가 죽은 날이 되었다는 비극적 사건 전개도 좋다. 하지만 나이가 들어보니 이 소설을 대하는 나의 느낌이 좀 달라진 것 같다. 인간의 삶에서 눈에 보이지 않는 운이 작동하는 어떤 원리를 나로 하여금 생각하게 한다.

어느덧 자본과 기술을 가진 이가 시장을 독점하는 세상이 되었다. 바야흐로 승자 독식의 시대다. 양극화는 더 심해졌다. 야속하게도 승자에게는 운도 따른다. 좀 비관적으로 말하면 기득권층에게만 운이 유효한 것 같다. 자본과 부를 소유한 기득권층이 한때의 좋은 운을 만나면 대박을 친다. 소농이 천석꾼이 되는 것은 정말 어렵다. 하지만 천석꾼이 만석꾼이 되는 건 순간이다. 행여 그들이 운이 안 좋아 망해도 가진 자본과 인맥을 바탕으로 금세 다시 일어선다. 반면 일반 서민은 전쟁터 같은 삶에서 한두 번 실수는 병가의 상사가 아닌 곧 나락이다. 하층민으로 떨어졌다가 다시 중산층 이상으로 올라가기는 여간 쉽지 않다. 그럼에도 우리는 희망을 가져야 한다. 의학 기술 발달로 각자의 인생이 너무나 길어졌기 때문이다. 명절날 삼삼오오 모여 즐기는 고스톱에서처럼 죽고 싶어도 쉽게 죽지 못한다. 죽을 때가 되어 병원에 가더라도 뛰어난 의술로 사람을 다시 살려 놓는다. 의술이 좋아진 만큼 인생은 정말 오래 살고 볼 일이다. 긴 인생을 살다 보면 내게도 언젠가 '쓰리고'가 터질 날이 올지 모른다. 고스톱에서 대박을 터트리려면 가늘어도 길게 판에 끼어서 우선 살아 있어야 한다. 그래야 광도 팔 기회도 생기고 뒷패가 착착 붙어 많은 돈을 따는 일도 생긴다. 그러니 망했거나 운이 없다고 너무 이른 비관이나 포기는 접어 두자. 인간이 임의로 좋은 운을 만들 수 없지만 좋은 운을 내게 오래 머물도록 할 수는 있다. 하찮은 인간이 할 수 있는 일은 거기까지다.

좋은 운을 내 안에 잘 가두어 놓는 것이 진짜 실력

하지만 성공과 실패는 대체적으로 이 부분에서 갈리게 마련이다. 좋은 운이 왔음에도 자신이 평소 갈고닦았던 실력이 부족하여 그 운을 길게 유지 못하는 경우가 일반적이다. 로또 복권 1등 당첨자가 수개월 내 쪽박을 차는 경우를 우리는 많이 봐왔다. 횡재수를 얻었지만 그 운을 오랫동안 내게 머물게 할 역량이 부족하기 때문이다.

다음은 운과 관련한 나의 직장 시절 사례다. 어느 날 우리 팀 팀장이 급하게 퇴사했다. 당연히 팀장 자리가 공석이 되었다. 당시 나는 초임 대리였고 내 아래에는 사원이 두 명 있었다. 내 위로는 김 과장이란 선임 사원이 계셨는데 회사에서 두각을 나타내지 못했다. 우리 팀은 지방 영업소라 본사에서 근무하는 팀장급 인원 중 그 누구도 우리 사무실이 있는 지방으로 내려오려 하지 않았다. 본사 부서장은 한참을 고심하더니 연공서열대로 우리 팀 선임 김 과장을 우리 팀 팀장으로 발령했다. 선임하기까지 시간이 꽤 오래 걸렸던 것으로 유추해 보건대 부서장도 김 과장을 팀장으로 앉히는 것이 썩 내키지 않았던 모양이다. 어쨌든 김 과장 입장에선 기회가 온 것이었다.

자리가 사람을 만든다고 했다. 팀장 발령을 받은 날 이후 김 과장은 잔뜩 고무되어 있었다. 회사에서 능력을 인정받았다고 그 나름대로 판단하고 있는 것 같았다. 그날 이후 김 과장은 평소와 다른 행보를 보였다. 팀 리더로서 잘해 보기 위해서였겠지만 좀 무리다 싶은 정도의 일을 벌이기 시작했다. 그는 그야말로 부서장의 '예스맨(Yes Man)'으로 돌변하기 시작했다. 그 즈음 우리 팀은 김 팀장 때문에 야근도 잦았다. 상부로부터 책임지지도 못할 일만 잔뜩 받아 오는 김 팀장을 우리는 못마땅해 했다. 애초부터 김 팀장은 팀의 리더로서 업무의 핵심을 짚어 내는 자질이 많이 부족했다. 김 과장은 나름대로 열심히 했지만 팀원들의 협조를 얻어 내는 데는 역시 역부족이었다. 김 과장은 이래저래 상처만 받은 채 사 개월 만에 팀장직에서 내려와야 했다. 그는 좋은 운을 맞이했지만 그 직분을 감당할 준비가 되어 있지 않아서 상처와 불명예만 남긴 채 실패한 전직 팀장으로 남았다.

운을 오랫동안 내 주위에 머물게 하려면 준비가 필요하다. 객관적인 나를 다시 한 번 점검하자. 내가 지금 괜찮은 좋은 회사에 재직 중이라면 등에 업고 있는 회사 간판을 떼어 버리고 내가 뭘 잘할 수 있는지 연구해 봐야 한다. 나는 나 스스로가 제일 잘 알기 때문이다. 아무리 둘러봐도 내게 변변한 능력이 없다면 주위 사람에게 덕이라도 많이 쌓아 보자. 아니면 작은 일에도 최선을 다해 보자. 또는 욕심을 버리고 겸손해져 보자. 이것들이 선현들이 말하는 덕(德)이다. 이런 덕이 쌓이고 돌고 돌아 다시 내게로 온다. 그로부터 다시 내게 새로운 기회(運)가 온다. 행운은 준비하고 기다리는 자에게만 온다고 했다. 불평불만만 늘어놓지 말고 내가 할 수 있는 일에 우선 최선을 다하면 누구나 좋은 일이 생기지 않을까 싶다. 운이 없어 실패했다고 변명하기에 인생은 너무 길다.

인력거꾼 김첨지에게 운수가 대통한 날은 그날 단 하루였다. 김첨지는 그날 평소와 달리 자신의 인력거에 아주 많은 손님을 태웠다. 김첨지의 인력거가 특별해서가 아니다. 그냥 그날 운이 좋았을 뿐이었다. 하지만 그날 저녁 아내는 죽는다. 결국 김첨지에게 가장 운 좋았던 그날이 역설적으로 운수가 가장 나쁜 날이 되어 버렸다. 새옹지마의 고사처럼 좋은 일과 흉한 일은 동전의 양면처럼 인간을 혼란스럽게 한다. 누구에게나 운과 불운이 주기적으로 오게 마련이다. 수학 시간에 배웠던 사인 코사인 곡선처럼 각각의 주기가 다를 뿐이다. 나는 그렇다고 믿고 싶다.

긴 인생을 살면서 운과 불운의 일정한 주기가 있다고 가정한다면 우리는 삶의 방향성을 좀 바꿔야 하지 않을까. 인력거를 모는 김첨지에게 좋은 운이란 그저 손님을 좀 더 태우는 것, 그것뿐이다. 김첨지 같은 인력거꾼에게 큰돈을 벌 수 있는 사업 기회가 주어진들 가진 것 없고 능력이 부족한 김첨지는 그 운을 잡을 수 없다. 천석꾼에게 좋은 운이란 쌀 천 석을 더 얻는 것이고 만석꾼에게 좋은 운이란 쌀 만 석을 더 얻는 것이다. 이렇듯 운이란 내가 걸쳐 있는 삶의 반경 안에서만 발현된다. 그렇기 때문에 좋은 운을 내게 오랫동안 머물게 하려면 내 삶의 반경이 넓어야 한다. 씨를 많이 뿌려 놓지 않으면 햇빛 좋은 날이 오더라도 수확물을 많이 거둘 수 없다. 내가 담을 수 있는 내 안의 그릇을 더 크게 만들어야 할 이유가 바로 이것 때문이다.

25

힘들 땐 차라리
쉬는 게 낫다

이 힘든 시기에 뭐라도 해야 할 것 같은 불안감을 느끼게 된다면 이 한마디 해 주고 싶다. 정말 힘들 땐 아무것도 하지 않고 그냥 쉬는 게 낫다고.

언젠가 라디오 방송 경제 관련 프로그램에서 들은 이야기다. 진행자는 무언가를 설명하기 위해 축구 경기 중 승부차기 상황을 예로 들었다. 승부차기란 막아야 하는 골키퍼와 넣어야 하는 키커(kicker) 모두가 극도로 긴장하는 상황이다. 이 상황에서 골을 넣어도 본전인 키커의 심적 압박이 더 클지 모르겠다. 어쨌든 우리를 골키퍼라고 가정해 보자. 승부차기 상황에서 키커가 공을 찰 때 골키퍼는 키커의 슛을 막기 위해 항상 좌 또는 우로 몸을 날린다. 골키퍼가 좌우로 몸을 날리지 않고 서 있던 자리에 가만히 있는 경우는 좌우로 몸을 날리는 경우에 비해 현저히 적다고 한다. 키커가 찬 공을 멍하니 바라만 보고 있을 수는 없기 때문이다. 골키퍼 입장에서는 골을 먹더라도 이리저리 몸을 움직이는 모습을 보여 줘야 그나마 최선을 다했다고 자기 합리화라도 할 수 있다.

반면 키커의 경우는 좀 다르다. 키커는 정면으로 공을 차는 비율이 좌우로 차는 비율과 거의 비슷하다고 한다. 사실이 이렇다면 골키퍼 입장에서 골을 막을 수 있는 성공률을 경우의 수로 따져 보면 아래와 같다.

키커의 슛방향	골키퍼의 움직임	방어 성공
좌	좌	○
중앙	좌	×
우	좌	×
좌	우	×
중앙	우	×
우	우	○
좌	중앙	×
중앙	중앙	○
우	중앙	×

〈키커의 슛이 골대 밖으로 나가는 경우는 없고 키커의 슛 방향과 골키퍼가 몸을 날리는 방향이 같다면 골키퍼가 골을 막는다는 것을 전제로 한다.〉

키커의 슛 방향은 크게 보면 좌, 우, 중앙 세 가지다. 골키퍼가 몸을 날리는 방향도 그와 같다. 결국 골이 되든 안 되든 키커가 공을 차는 방향과 골키퍼가 움직이는 방향의 모든 경우의 수는 3×3으로 총 아홉 가지다. 골키퍼가 이리저리 움직이든지 그대로 중앙을 지키고 있든지 골을 막을 확률은 위 표에서처럼 33.3%로 같다. 물론 골키퍼의 움직임 방향과 키커의 슛 방향이 같으면 골키퍼가 모두 골을 막는다는 것을 전제로 한다.

좌우 또는 중앙이라는 세 가지 경우만 수학적으로 생각한다면 골키퍼는 차라리 가만히 있는 것이 더 나을 수도 있다. 골키퍼는 부상의 위험이나 수고스러움을 무릅쓰고 굳이 몸을 좌우로 날릴 필요가 없다. 수학적으로 말하면 골키퍼가 골을 막을 확률이 같기 때문이다. 그럼에도 골키퍼가 좌우로 몸을 날리는 이유는 가만히 있으면 아무것도 하지 않고 골을 허용했다는 팬들의 비난을 피하기 위해서일지 모른다. 아니면 골을 막아 보기 위해 뭐라도 했다는 자기합리화 때문일지 모른다.

아무것도 안 한다고 불안해하지 말지니

위 사례를 취직하기 힘들고 먹고살기 힘든 최근 상황에 대입해 보자. 삶은 축구와 비슷하다. 전후반전과 연장전까지 열심히 뛰었지만 결국 나의 삶이 승부차기까지 몰리는 경우가 있다. 열심히 뛰었지만 나의 노력과 선택에 어떤 결과도 섣불리 예측할 수 없다. 이런 힘든 상황에 뭐라도 했다는 자기만족을 얻기 위해 여기 저기 일을 벌이는 것이 합리적인 일인지 먼저 생각해 볼 일이다.

예를 들어보자. 우리나라에서 아무나 성공하기 힘든 자영업에 빚을 지고 뛰어드는 상황 같은 것 말이다. 취업 준비생의 경우라면 자신의 능력과 회사의 요구를 제대로 파악하지 않은 '묻지마'식 입사 지원 같은 것도 마찬가지다. 놀지 않고 뭐라도 했다는 생각에 스스로 위안을 얻을 수는 있겠다. 하지만 자영업자가 된 중년 가장은 가족을 더 힘들게 하기도 하고 취업 준비생이라면 제대로 면접 기회조차 얻지 못해 오히려 사기만 더 떨어지는 경우가 태반이다. 이 힘든 시기에 뭐라도 해야 할 것 같은 불안감을 느끼게 된다면 이럴 때 인생 선배로서 한마디 해 주고 싶다. 정말 힘들 땐 아무것도 하지 않고 그냥 쉬는 게 낫다고.

이처럼 힘든 시기에 무조건 힐링(healing)이나 무소유같은 선문답을 말하는 건 아니다. 쉴 때 쉬더라도 전제 조건은 있다. 낚시꾼이 어차피 고기가 안 잡힌다고 빈 바늘로 낚시를 할 수 없다. 물때가 안 맞고 파도가 일렁여 설령 고기가 물지 않더라도 바늘에 최소한 미끼는 끼우고 낚시를 해야 한다. 빈 바늘 낚시는 성공 확률이 제로지만 미끼를 끼웠다면 고기를 낚을 수 있다는 희망이라도 가질 수 있을 뿐 아니라 운이 좋다면 대어를 낚을 수도 있다. 상황이 안 좋아 쉴 때 쉬더라도 씨는 부지런히 뿌려 놔야 한다는 것을 말하고 싶다.

이래저래 힘든 시기라면 괜히 경거망동하는 것보다 평소에 자신을 잘 가꾸고 내가 어떤 사람인지 뭘 잘할 수 있는지 세심히 자신을 한 번 더 들여다보는 것을 차라리 권유한다. 자신을 들여다보는 것이 쉬운 일이 아니라면 쉴 때 건강이라도 잘 챙겨야 훗날을 도모할 수 있다. 아직 때가 아니라서 그렇지 건강한 몸과 정신을 가지고 있다면 기회는 언제든 오게 마련이다.

아무것도 하지 않고 술과 담배에 찌든다거나 이유 없이 밤과 낮을 구별할 수 없는 생활 패턴에 물드는 것은 고기가 안 잡힌다고 미끼조차 끼우지 않고 낚싯대를 드리우는 것과 같다. 승부차기에 임한 골키퍼가 움직이지 않고 처음부터 중앙을 지키겠노라고 마음먹었다면 두 다리에 힘이라도 불끈 주고 그대로 그 자리를 지켜야 한다.

우리를 불안하게 만드는 이런저런 자기계발서나 남들 성공한 이야기를 보고 들으면서 나의 상황과 맞지 않음에도 어설프게 그들을 따라하지 않기를 바란다. 그건 책을 쓴 그 사람의 이야기일 뿐이다. 평범한 일반 독자들이 모두 그들과 같을 수 없다. 참고는 하되 자신만의 길을 무소의 뿔처럼 묵묵히 가길 바란다. 힘든 시기를 건너는 방법은 남들이 했던 방법이 아니다. 여유를 가지고 좀 쉬어 보자. 한 발 물러서되 미래의 원동력이 될 씨앗은 항상 뿌려 놓기로 하자. 가만히 자리를 지키겠노라 마음먹은 골키퍼라면 가만히 그 자리를 지키되 두 다리에 불끈 힘이라도 주자.

26

성격대로
살아가기

지금껏 살아온 삶은 연습일 뿐이다. 진
짜 실전 인생은 마흔을 넘어서부터다.

청년 시절 나는 내성적이고 수줍음이 무척 많았다. 지금 생각해
보면 엄마 아빠가 부자가 아니라서 생긴 나의 열등감 때문이었다.
부모가 부자가 아닌 것이 내 탓이 아님에도 그 시절엔 왜 그리 가
난했던 현실이 나를 그토록 작게 만들었는지 모른다. 그 때문에
대인 관계에 항상 손해를 보거나 혼자서 속앓이를 하는 날이 많았
다. 한마디로 나는 성격 때문에 힘든 청년기를 보낸 것이다. 힘들
었던 그 시절 언젠가 내가 읽었던 에세이 책 제목이 생각난다. 그
책 제목은 바로 《성격대로 살아가기》다. 김정일이란 정신과 의사
가 1998년에 쓴 책인데 당시 이 책 제목이 너무 좋아 제목만 보고
덥석 서점 카운터로 들고 갔던 것으로 기억한다. 밑줄을 그어 가
며 몇 번을 정독했을 정도로 제목만큼 내용도 좋은 책이었다.

한참 뒤에 이와 비슷한 수잔 케인의 《콰이어트》란 책도 읽었다.

이 두 책이 출간된 전제는 분명하다. 내향 성향을 가진 사람이 세상을 살아가는 데 외향 성향의 사람보다 대체로 더 많이 불리하거나 때때로 더 많이 손해를 본다는 점을 전제로 한다. 하지만 이 책들의 메시지는 통쾌했다. 나처럼 지극히 내향적이고 소심한 사람이 성격을 고치지 않아도 손해 보지 않고 나름대로 잘 살 수 있다는 점을 내게 말해 주었다.

대학에서 심리학을 전공했던 나는 오래전부터 성격 검사에 관심이 많았다. 내가 왜 이토록 소심하고 내향적 성향을 가졌는지 그 근원을 알고 싶었다. 바꿀 수 있으면 내 성격을 좀 바꿨으면 하고 바랐던 적도 많았다. 대표적인 성격 유형 검사로 MBTI가 있다. MBTI는 Myers-Briggs Type Indicator의 약자로 마이어스(Myers)와 브릭스(Briggs) 모녀가 융(Jung)의 심리 유형론을 토대로 고안한 자기 보고식 성격 유형 검사다. 가장 대중적으로 쓰이는 성격 유형 검사로 알고 있다.

MBTI 검사 유자격자에 의해 검사를 받아야 하는 이 검사는 내향성(I)-외향성(E), 직관형(N)-감각형(S), 사고형(T)-감정형(F), 판단형(J)-인식형(P)이란 각 성격 판단 요소인 4×4 조합에 따라 총 열여섯 가지 성격 유형으로 사람의 성격을 분류한다. 이를테면 INTP형, ESFJ형 따위다. 전 세계 약 70억 인구가 각기 저마다의 성격과 성향을 갖겠지만 MBTI 성격 유형 검사는 결국 사람의 성격은 큰 틀에서 이 열여섯 가지 유형으로 분류할 수 있다는 것을 말해 준다.

범위가 넓은 성격 유형 말고 먹고사는 문제와 직접 연관이 있는 직업 성향으로 범위를 좀 좁혀보자. 'BRISM'이라 불리는 MBTI와 유사한 진로 유형 검사도 있고 존 홀랜드(John Holland)란 사람이 만든 직업 선호도란 검사도 있다. 홀랜드의 직업 선호도 검사는 고용노동부에서 운영하는 워크넷(www.work.go.kr) 사이트를 통해 누구나 무료로 받을 수 있다.

일반 성격 유형은 MBTI에서 열여섯 가지로 나누었지만 홀랜드는 자신의 직업 선호도 검사에서 각 직업군별 필요 성향은 그보다 한참 적은 여섯 가지만으로 요약했다. 각 유형의 앞 글자를 따서 'RIASEC'이라 부른다. 현실형(Realistic), 연구형(Investigative), 예술형(Artistic), 사회형(Social), 기업가형(Enterprising), 관습형(Conventional)의 여섯 가지다. 사람의 성격 유형은 크게 열여섯 가지로 분류하지만 직업에 필요한 유형은 그중 여섯 가지만 유효하다는 말처럼 들릴 수 있다. 조금 확대해서 말하자면 열여섯 가지 성격 유형의 각 개인이 직업 생활을 하려면 홀랜드가 말한 여섯 가지 중 하나에 억지로라도 끼어들어 가야 한다는 것처럼 들린다. 그냥 봐도 조금 어색하다.

사실 나는 직업 선호도 검사 결과 RIASEC 여섯 유형 중 어떤 곳에도 제대로 끼지 못했다. 여섯 가지 모든 항목에서 점수가 최저점으로 나왔다. 이 직업 선호도 검사도 MBTI와 동일한 자기 보고식 검사인데 여섯 가지 항목 중 나와 일치하는 항목이 거의 없었다. 검사를 안 하니만 못한 결과가 나와서 '그럼 앞으로 뭘 하고 살아야 하나'를 고민하며 많이 실망했던 적이 있었다.

요즘은 일만여 개가 넘는 직업이 존재하는 세상이다. 그걸 감안한다면 직업 선호도 검사는 좀 진부하다. 하지만 취업을 하고자집 근처 고용노동부에 방문하여 직업 상담사를 만나 직업 진로 상담을 받으려면 우선 이 검사를 하라고 종용 받는다. 거의 의무적사항이다. 대개의 직업 상담사는 이 검사를 참고하여 취업을 희망하는 내담자의 직업 성향을 파악하고 그에 맞게 상담한다. 개인의창의력 또는 무엇이 될지 모르는 내담자의 무한한 잠재력은 일단묻어 둔 채 직업 선호도 검사 결과에 맞춰 상담사는 '당신은 이런유형에 적성이 있는 사람이야'라고 구분 짓는다.

이후 고용노동부 취업성공패키지 매뉴얼대로 상담을 실시한다.이후 취업 실적을 위해 대부분의 직업 상담사는 내담자의 진짜 적성과 흥미를 미처 파악하지 못한 채 내담자가 어디라도 빨리 취업하기를 희망한다. 안타깝지만 현재 이 나라에서 진행하는 진로 상담의 수준이 여기까지다.

각자 열악한 근무 조건에서 열심히 일하시는 직업 상담사 분들의 능력을 탓함이 절대 아니다. 고용노동부 취업지원 시스템이 다양한 유형의 내담자를 상대하기에 아직 부족함이 많다는 점을 말하고 싶다. 홀랜드 직업 선호도 검사는 무려 1959년에 고안되었다. 이 검사는 그 당시에는 나름 의미가 있었지만 어쩐지 요즘처럼 복잡한 세상에는 부족함이 많아 보인다. 시류에 맞지 않을 수있는 홀랜드 직업 선호도 검사를 굳이 계속 쓴다면 몇 가지 유형을 더 넣어야 할 것 같다. 이를테면 나 같은 사람을 위한 자유형(Free style)이나 또라이형(Weirdo)같은 유형 말이다. 창의력이 직업

생활의 화두가 된 지 이미 오래다. 생산이 곧 소비로 이어졌던 공장 굴뚝 시대가 이제 더 이상 대세가 아니라면 RIASEC이란 유형은 반드시 개선이 필요하다.

이야기가 좀 샜다. 말하고자 하는 것은 이 글을 읽는 독자라면 제발 '유형의 굴레'에서 벗어나길 바란다. 나처럼 RIASEC 어느 유형에라도 도드라진 특성이 나타나지 않는다고 실망할 필요 없다. 그런 것이 신경이 쓰인다면 자기 보고식 검사이니만큼 내가 바라고 원하는 항목에 체크하면 결과는 남들처럼 무난하게 나온다. 하지만 이런 것이 무슨 의미가 있을까. 내향적이냐 외향적이냐 또는 직업 선호도 검사 유형 따위는 결코 좋고 나쁨의 문제는 아니다.

하지만 먹고사는 문제와 연관한다면 대체적으로 내향적인 사람이 손해를 보는 경우가 많다. 상대가 상처를 받을까 봐 또는 용기가 없어서 내 의사를 제대로 전달하지 못하는 경우가 빈번하다. 그렇다고 타고난 성격을 바꿀 수는 없다. 내향적인 사람이 이 글 제목처럼 성격대로 살아가기 위해 중요한 한 가지가 있다. 그것은 반드시 그럴듯한 '결과물'을 만들어야 한다는 것이다.

글쓰기를 예로 들어 보자. 내향적인 사람이든 외향적인 사람이든 각자가 스스로 편한 작업 환경을 만든다. 글을 쓰는 최적의 장소가 백색 노이즈가 있고 사람들로 북적대는 카페일수도 있고, 조용한 골방일 수도 있다. 글감을 찾기 위해 여러 사람이 모여 아이디어를 공유하기도 하고 어떤 사람은 혼자만의 사색으로 아이디어를 끄집어내기도 한다. 결과물이 훌륭하면 중간 과정은 별로 중요하지 않다. 내향적인 사람들이 골방에 처박혀 글을 쓰는 건 자유다. 그러나 그럴듯한 결과물이 없다면 그건 단지 은둔이고 우울이고 그저 셀프 고립이다. 결과물이 없으면 아무도 자신의 노력에 귀를 기울여 주지 않는다.

언젠가 최민식이 열연했던 영화 〈파이란〉의 원작자인 일본 소설가 아사다 지로가 어느 지면에서 한 인터뷰 내용이 기억난다. 그는 자신이 그간 백여 편의 소설을 썼는데 그의 소설을 한 편도 읽지 않은 독자가 백여 편 중 선택한 단 한 편의 소설이 마음에 들지 않으면 나머지 소설 아흔아홉 편은 아예 읽어 보지 않을 것이라고 말했다. 그 독자에게는 소설 백 권을 쓴 작가 아사다 지로의 내공과 업적이 단 한 편으로써 매몰되는 것이다.

젊었을 때 나처럼 내향적이고 소심한 성격을 가졌다고 더 이상 스스로를 자책하지 말자. 은둔하지도 말자. 진로가 불투명하다고 숨어서 혼자 살 생각일랑 아예 접기를 바란다. 비록 지금은 외롭고 힘들더라도 '나만의 한 방'을 위해 자신의 실력을 갈고닦을 시기가 바로 지금이다. 인생은 어차피 운칠기삼이요, 지금껏 살아온 삶은 연습일 뿐이다. 진짜 실전 인생은 마흔을 넘어서부터다.

나를 가두는 유리병으로부터 탈출하기

아멜리에(Amelie)

언젠가 여행 상품을 선전하는 홈쇼핑 방송을 본 적이 있다. 잘생긴 한 남자 쇼핑 호스트가 유럽 어느 나라의 여행 패키지 상품을 소개하면서 이런 멘트를 날렸다.

"안 가본 사람은 있을지언정 이 여행지에 한 번만 가 본 사람은 아마 없을 것이다."

이 정도 소개면 여행 상품에 대한 최대의 찬사가 아닐까 싶다. 지금 내가 소개하는 영화 〈아멜리에〉도 그런 찬사를 받아 마땅한 영화라고 생각한다. 이 영화를 안 봤다면 모를까, 한 번 봤다면 두 번 세 번 보지 않고는 견디기 힘들 것이다. 이 영화를 여러 번 보게 만드는 요인 중 가장 도드라진 부분은 단연코 여주인공 아멜리에 역을 맡은 오두리 토투(Audrey Tautou)의 존재감이다. 영화에서 아멜리에는 순수하고 선한 마음씨를 가지고 있다. 자신보다 남을 행복하게 해주려는 그녀의 따뜻한 배려심과 앙증맞은 헤어스타일에 더해서 그녀가 가진 그 눈빛도 압권이다. 영화의 부실한 시나리오나 연출력을 메우기 위해 배우의 후광만으로는 부족하다. 배우가 아무리 잘나고 멋져도 위 두 가지 요소가 따라주지 못하면 좋은 영화가 되지 못한다. 하지만 시나리오나 감독의 연출력이 기본 이상이라면 여기에 더해지는 훌륭한 배우의 후광은 1+1=2가 아니라 적어도 3이나 4 정도의 효과를 발휘한다. 그 면에서 아멜리에 역을 맡은 오두리 토투는 이런 산수의 등식을 턱없이 무용지물로 만들어 버렸다.

아멜리에만의 성격대로 살아가는 법

영화 속 여주인공 아멜리에는 주변 사람을 행복하게 해 주려는 배려심 많은 여자다. 좀 달리 말하면 이상주의자이기도 하다. 행복한 세상을 원하고 그것을 위해 행동하지만 정작 본인은 그렇게 행복하게 사는 것 같지는 않다. 일찍이 모친을 여의었고 학교도 다니지 못했다. 성장기를 홀로 보낸 탓에 아멜리에는 소심하고 수줍음도 많다. 그녀는 사람들과 어울리는 것보다 혼자서 영화를 보며 관객들의 표정을 살피는 것을 좋아한다. 또한 혼자 동네 앞 개천에서 조그만 자갈을 던져 물수제비를 뜨는 것도 좋아한다. 이런 소소한 취미가 아멜리에의 성격을 잘 형상화한다. 이처럼 소심하고 수줍음 많은 그녀이지만 그녀는 그 나름대로 삶의 방식을 택한다. 소외된 사람들에게 소소한 행복을 전달하며 그 과정에서 그녀 스스로 행복을 찾는다. 이것이 그녀가 세상으로 나오는 그녀만의 방식인 것이다. 영화는 아멜리에가 사람들에게 행복을 전달하는 각각의 에피소드를 내레이션을 섞어 나열한다.

아멜리에는 웨이트리스(waitress)로 근무하는 카페에서 동료 여직원과 한 남자 손님을 맺어 주려 노력하기도 하고 지적 장애를 가졌지만 대신 감수성이 풍부한 채소 가게 사장 아들도 몰래 도와준다. 자신의 집에서 우연히 추억의 보물 상자를 발견하고 있을지 없을지도 모를 그 주인을 찾아 그녀가 발 벗고 나서기도 한다.

그로테스크한 전작들과 확연히 다른 〈아멜리에〉

내가 지금 기억하는 장피에르 주네 감독의 작품은 두 가지다. 바로 〈델리카트슨(Delicatessen)〉과 〈잃어버린 아이들의 도시〉다. 두 작품의 분위기를 한 마디로 표현하자면 프랑스어로 '그로테스크' 정도가 적당할 것 같다. 특히 델리카트슨은 '사람고기(人肉)'가 영화의 소재였다. 두 영화 모두 별로 다시 보고 싶지 않은 기괴한 분위기의 영화였다.

그런 성향을 가진 영화감독이 작심한 듯 전 작품의 분위기와 아주 많이 다른 영화 〈아멜리에〉를 연출했다는 사실이 흥미롭다. 장피에르 주네 감독을 나는 전혀 모르지만 그간의 작품을 통해 이분의 성향을 다소나마 짐작해 볼 수는 있을 것 같다. 이전에 개봉했던 기괴한 그의 작품들을 고려해 보건대 이분은 한 가지에 몰두하는 편집증이 있거나 대단한 자기 고집을 가지고 있을 것 같다. 또 한편으로 아멜리에 같은 영화를 연출한 것으로 미루어 보건대 천성적으로 자신만의 판타지를 품고 있는 사람일 것 같기도 하다.

장피에르 주네 감독은 아마도 여주인공 아멜리에게 자신의 실제 모습을 투영하고 싶었던 같다. 영화 속 아멜리에는 발칙하고 때로는 기괴하다. 장난끼가 가득하지만 진지하다. 소외되어 있지만 소외로부터 벗어나기 위해 자신만의 방법을 찾는다. 숨어서 자신만의 세계에만 빠져 사는 얼치기 예술가로 살기보다 영화 같은 작품을 통해 또는 아밀리에처럼 자신을 유리병 안에 가두지 않으려는 의도적인 노력에 우리는 주목할 필요가 있다.

신자유주의 경쟁 사회에서 하루하루 남들 눈치 보며 살고 있는 우리지만 자신이 타고난 성격대로 살기 위해서 꼭 명심해야 할 것이 있다. 그것은 바로 자신이 만족할 만한 그럴듯한 결과물을 만들어야 한다는 것이다. 그럴듯한 결과물이란 우리가 흔히 생각하는 속세적인 것이라도 좋고 아니라도 좋다. 아밀리에

가 품었던 그 따뜻한 마음과 작은 실행력, 그것으로 자신이 자존감 충만한 나로서 당당하게 살 수 있다면 그것이 바로 '성격대로, 나대로 사는' 멋진 삶이라 생각한다.

중학교 1학년 국어 시간이었다. '가을예찬'이란 주제로 시를 써서 각자 발표하는 시간이었다. 중학교 1학년 남학생들의 감성 수준이 다 거기서 거기지만 각자 나름대로 우수에 젖은 목소리로 자신만의 시를 읊었다. 다소 손발이 오그라드는 그런 수업 시간이었다.

어느덧 내 순서가 다가왔다. 남들과 달리 나는 낙엽을 치워야 하는 가을이 싫다며 투정부리는 어투로 내 시를 읽어 내려갔다. 국어 선생님은 내 시를 듣더니 이내 미간을 찌푸렸다. 그리고 주제와 벗어난다며 다음엔 긍정적 톤으로 써 보라고 충고하셨다.

나는 태생적으로 매사에 비판적이다. 남들만큼 못 가지고 살아온 것에 대한 보상 심리나 열등감이 내 안에 가득 차 있는 것 같다. 내가 평론가가 되었다면 아마 성공했을지 모르겠다. 대안이 없는 비판은 허무하다. 무엇에 대해 평을 하려면 자신을 먼저 한 번 돌아봐야 한다. 남들이 한 만큼 내가 할 수 없다면 감히 남의 일에 불필요한 언급을 하는 것은 예의가 아니다. 이런 이유 때문에 진로 관련 책을 쓰기 전에 한참을 망설였다. 내가 과연 이런 글을 쓸 자격이 있는지 혹은 남의 귀중한 인생에 내가 감히 충고나 조언을 할 수 있는지 나 자신을 한 번 점검해 봤다.

나는 이미 청년 시절 숱한 경험을 했고 진로 선택에 대한 상담을 하면서 밥 벌어먹고 있으니 조금이나마 자격이 있다고 생각했다. 성공한 인생이 아니라도 얼마든지 내 경험에 대한 노하우를 공유할 자격은 있다고 판단한다. 물론 나의 오만일 수 있겠다. 그것은 이 책을 읽는 독자가 평할 일이다.

충고나 조언을 최대한 배제하고 '이렇게 살아도 괜찮다' 정도의 느낌으로 써 보려 했지만 막상 써 놓고 보니 역시 남에게 쓸데없는 충고나 조언을 하는 것처럼 보인다. 하지 말아야 할 '문업(文業)'을 쌓은 것 같아 못내 기분이 찜찜하다. 이런 이유로 이 책이 내 생의 처음이자 마지막 자기계발서가 될 것 같다.

살면서 이렇게 불필요한 '업(業)'을 만들었으니 앞으로 그 업을 해소하기 위해 더 열심히 덕을 쌓으며 살아야 함을 느낀다.

끝으로 이 책을 쓸 수 있도록 도움 주신 모든 분들께 감사……드릴 줄 알았지? 그저 골방에 갇혀 묵묵히 나 혼자 썼을 뿐이다. 나 자신과 골방에 아무렇게나 처박혀 있는 변변찮은 삼성전자 컴퓨터와 화질 좋은 LG전자 모니터에 그저 감사할 따름이다. 다른 한 편으로 이 책 출간 제안을 일언지하에 거절했던 육십여 곳의 출판사에 심심한 유감을 표하며 그 출판사 이름을 엑셀 파일에 일일이 기록해 두었음을 밝힌다.

어느 골방에서 이진서

256